LE JACOBIN ESPAGNOL,

OU HISTOIRE

DU MOINE

AMBROSIO ET DE LA BELLE ANTONIA
SA SOEUR.

TOME PREMIER.

Hypocrite vous demanderez en vain pour vos Forfaits, l'Indulgence que vous me Refusez pour une Faiblesse.

Dessiné par Longerin — gravé par pelas

LE JACOBIN ESPAGNOL,

OU HISTOIRE

DU MOINE,

AMBROSIO ET DE LA BELLE ANTONIA SA SOEUR,

Traduit de l'Anglais.

.........Rhadamantus...................
Castigatque, auditque dolos, subigitque fateri;
Quaequis apud superos, furto lætatus inani,
Distulit in seram commissa piacula mortem.
Æneid. lib. VI.

TOME PREMIER.

A PARIS,

Chez FAVRE, libraire, Palais-Egalité, galerie de bois, n°. 220.

AN V, 1797 (v. st.)

LE JACOBIN ESPAGNOL.

CHAPITRE PREMIER.

Il y avait à peine cinq minutes que la cloche du couvent sonnait, et déjà l'église des Dominicains était si pleine d'auditeurs, qu'on ne pouvait à peine s'y retourner. N'allez pas vous imaginer que la dévotion ou le desir de s'instruire, fût le motif d'un si grand empressement ; chercher quelques sentimens de piété vraie parmi un peuple aussi superstitieux que celui de Madrid, ce serait peine perdue. Chacun avait ses raisons pour venir à l'église, raisons secrètes, dont il serait difficile d'obtenir l'aveu, et qui n'avaient aucune conformité avec les apparences. Les femmes y venaient, en général, pour se montrer, et des hommes pour les voir; quelques-uns pour entendre le prédicateur qui jouissait d'une grande célébrité; d'autres pour passer le tems en attendant l'heure de la comédie; en un mot, une moitié de Madrid s'attendait à rencontrer-là l'autre moitié. Les seules personnes qui désiraient réellement d'entendre le sermon, étaient quelques dévotes sexagénaires, et environ une demi-douzaine de prédicateurs rivaux, qui se disposaient à le critiquer et même à le tourner en ridicule, s'il était possible. Quant au reste de l'auditoire, le révérend père pouvait, à son choix, prêcher bien ou mal, prêcher même ou ne pas prêcher, c'était-là le moindre de leurs soucis.

Quoiqu'il en soit, et quelque fût le motif particulier de chaque individu, il est au moins certain que jamais l'église des Dominicains n'avait contenu une plus nombreuse assemblée ; tous les coins étaient remplis, toutes les chaises occupées. Les statues mêmes, placées pour l'ornement entre les colonnes de la nef, étaient ce jour-là utiles au public ; on voyait des enfans vivans, suspendus sur les aîles des chérubins. Saint Dominique, saint François, saint Marc, portaient chacun un spectateur, et sainte Agathe se trouvait chargée d'un double fardeau. Il n'y a donc pas lieu de s'étonner si, malgré toute leur diligence, nos deux arrivantes en entrant dans l'église, regardèrent inutilement à droite et à gauche, et ne trouvèrent plus une seule place vacante.

Cependant la plus âgée des deux continua de se porter en avant, faisant fort peu d'attention aux murmures de mécontentement qui s'élevaient contre elle. On lui criait en-vain de tous côtés : « Je vous assure, madame, qu'il n'y a point de place ici. — Mais segnora, ne poussez donc pas si fort ; vous culbutez tout le monde. — Encore un coup, madame, vous ne pouvez pas passer par-là. Bon dieu, qu'il y a des gens insupportables ! » La chère tante était obstinée. Elle travailla avec tant d'activité de ses pieds, de ses genoux, et de ses coudes, qu'elle se trouva en assez peu de tems, au milieu de l'église, et à dix pas tout au plus de la chaire. Sa compagne l'avait suivie en silence, profitant, d'un air timide, de chaque pied de terrain que gagnait sa conductrice. « Sainte vierge, s'écria la vieille, quelle chaleur ! Je voudrais qu'on m'expliquât ce que tout cela veut dire ; pourquoi cette foule insupportable ? Pas une chaise vacante ; et pas un homme assez galant pour nous offrir la sienne ! Je croyais qu'à Madrid, on était plus poli ».

Ce propos excita l'attention de deux jeunes gens, qui, penchés en avant sur le dossier de leur chaise, et le dos tourné contre le septième pilier, à compter depuis le portail, causaient ensemble, et avaient l'air de se faire mutuellement quelques confidences. Tous les deux étaient fort bien mis. Entendant cet appel fait à leur politesse par une voix de femme, ils tournèrent un peu la tête, et cherchèrent des yeux celle qui venait de parler. Elle avait levé son voile pour mieux distinguer le monde qui l'environnait. Voyant que cette dame avait les cheveux roux, et les yeux louches, les deux jeunes gens reprirent leur première attitude et continuèrent leur conversation.

« Retournons au logis, ma chère tante, je vous en prie, dit l'autre; la chaleur est insupportable; il y a tant de monde ici, que cela fait peur».

La voix de celle qui prononça ces mots était remarquable par son extrême douceur. Les deux jeunes gens tournèrent la tête de nouveau; mais ils ne se contentèrent pas cette fois de jetter un coup d'œil; tous deux firent involontairement un mouvement de surprise, en appercevant celle qui venait de parler.

Cette voix était celle d'une femme qui paraissait jeune, et dont tout l'ensemble était bien propre à faire naître le plus vif desir de voir son visage. Malheureusement le voile noir dont il était couvert, n'était point transparent; mais la foule l'avoit un peu dérangé, ensorte qu'il était possible d'appercevoir un cou qui ne le cédait point en beauté à celui de la Vénus de Médicis. Blanc comme la neige, il était ombragé par une forêt de cheveux châtains, qui descendaient en boucles jusqu'à sa ceinture. Sa taille était légère et flexible, comme celle d'une nymphe des bois ; son sein était soigneusement voilé. Elle portait à son bras un chapelet à gros grains. Sa robe blanche, qu'ornait une ceinture bleue, laissait voir un pied mignon, dont un soulier mordoré dessinait agréablement la forme. Telle était la femme à laquelle le plus jeune des deux s'empressa d'offrir sa chaise, exemple que l'autre fut obligé d'imiter envers la dame aux yeux louches.

Celle-ci accepta l'offre avec de grandes démonstrations de reconnaissance, mais sans se faire prier. La jeune l'accepta également, mais sans autres complimens qu'une révérence. Don Lorenzo (tel était le nom du jeune homme), se procura une autre chaise et se plaça près d'elle ; mais ce ne fut qu'après avoir dit à l'oreille quelques paroles à son ami qui, entendant à demi-mot, se plaça de son côté, près de la vieille dame et entra avec elle en grande conversation.

« Vous êtes sans doute, mademoiselle, arrivée depuis peu de tems à Madrid, dit Lorenzo à sa belle voisine; tant de charmes y auraient déjà fait du bruit, si ce n'était pas aujourd'hui votre première apparition; la jalousie des femmes et les hommages des personnes de mon sexe, auraient déjà attiré sur vous l'attention générale ».

Il attendit une réponse; mais comme ce qu'il avait dit n'était pas une interrogation directe, la jeune personne ne répondit point. Après quelques instans de silence, il reprit:

« En soupçonnant que vous êtes étrangère à Madrid, ai-je fait, mademoiselle, une fausse conjecture? »

La jeune personne hésita ; après quelques instans d'indécision, elle se détermina à lui répondre tout bas. — « non, monsieur ».

« Comptez-vous y rester longtems ? »

« Oui, monsieur ».

« Je m'estimerais fort heureux s'il était en mon pouvoir de vous y procurer quelqu'agrément. Je suis bien connu à Madrid, et ma famille a du crédit à la cour. Si vous me permettez de vous y rendre quelque service, ce sera tout à la fois m'honorer et m'obliger ».

A moins que cette jeune personne, dit-il en lui-même, n'ait fait vœu de ne jamais répondre que par monosyllables, elle doit à présent me dire quelque chose.

Lorenzo fut trompé dans son attente ; elle ne lui répondit que par une profonde inclination de tête.

Il s'apperçut alors que sa voisine

n'aimait pas la conversation. Mais cette taciturnité provenait-elle d'orgueil, de discrétion, de timidité, ou d'un défaut de vivacité, c'est ce dont il ne pouvait s'éclaircir.

Après quelques instans de silence. « On voit, mademoiselle, dit-il, que vous connaissez peu nos usages, puisque vous continuez à porter votre voile ; permettez que je vous en débarrasse ».

Au même instant Lorenzo avança la main vers le voile ; elle l'arrêta.

« Non, monsieur, je n'ôte jamais mon voile en public ».

« Et quand vous l'ôteriez, ma nièce, quel mal y aurait-il, je vous prie? dit Léonelle, (c'était le nom de la vieille); ne voyez-vous pas que toutes les autres dames ont ôté le leur. J'ai déjà mis le mien de côté, et assurément si j'expose mon visage aux regards du public, il me semble que vous pouvez bien aussi exposer

le

le vôtre. Allons, mon enfant, ôtez votre voile. Je vous réponds que personne ne s'enfuira en vous voyant ».

« Ma chère tante, ce n'est pas l'usage en Murcie ».

En Murcie! Et qu'importe? Vous ne cesserez pas de nous parler de ce triste pays? Si c'est la coutume à Madrid, cela doit nous suffire. Otez donc votre voile. Obéissez-moi sur le champ, Antonia, vous savez que je n'aime pas la contradiction ».

La nièce ne répondit point; mais elle ne s'opposa plus aux efforts de don Lorenzo, qui, fort de l'approbation de la tante, se hâta d'enlever le voile. La plus jolie figure se présenta alors à son admiration; ce qu'on peut appeler une vraie tête de séraphin. Cependant elle était plus jolie que belle. Le charme provenait moins de la régularité de ses traits, que de l'air de douceur et de sensibilité répandu sur toute sa physionomie ; elle paraissait âgée tout au plus de quinze ans. Chaque partie de son visage, prise séparément, n'était point parfaite ; mais le tout était adorable ; sa peau n'était pas totalement exempte de taches ; ses yeux n'étaient pas fort grands ; ses paupières n'étaient pas extraordinairement longues ; mais ses lèvres avaient la fraîcheur de la rose. Son cou, sa main, ses bras, tout était parfait ; ses yeux étaient doux et brillans comme le ciel. Un sourire fin qu'on voyait errer sur ses lèvres, annonçait en elle une aimable vivacité que comprimait visiblement son excessive timidité. L'embarras de la modestie se peignait dans tous ses regards, et lorsqu'ils rencontraient par hazard ceux de Lorenzo, aussi-tôt on les voyait retomber sur son rosaire. Ses joues se coloraient ; elle disait alors son chapelet avec beaucoup d'attentention, comme on peut le croire.

Lorenzo tenait ses yeux fixés sur elle, avec un mélange de surprise et d'admiration. Léonelle crut devoir faire quelques excuses sur la timidité puérile de sa nièce.

« C'est un enfant, dit-elle, qui n'a jamais vu le monde. Elle a été élevée dans un vieux château de la Murcie, et n'a jamais eu d'autre société que celle de sa mère qui, dieu lui fasse paix, n'a pas le sens commun, quoiqu'elle soit ma sœur de père et de mère ».

« Et elle n'a pas le sens commun ! dit don Christoval avec un feint étonnement; cela me paraît fort extraordinaire ».

« Oh ! c'est un fait, monsieur; et cependant voyez comme certaines gens ont du bonheur ! Un jeune seigneur d'une des premières maisons de Madrid, s'avisa de trouver que ma sœur avait de l'esprit, et qu'elle était jolie. Pure chimère! Ma sœur avait à la vérité des prétentions à tout cela ; mais moi qui la connais, je sais fort qu'elle n'avait ni esprit ni beauté, et j'ose me flatter que si j'avais pris pour plaire la moitié autant de peines..... Mais ce n'est pas là ce dont il s'agit. Je disais donc, monsieur, qu'un jeune seigneur devint amoureux d'elle et l'épousa à l'insu de son père. Leur union resta secrète pendant près de trois ans; mais enfin le vieux marquis, fort mécontent en apprenant cette nouvelle, prit aussitôt la poste pour Cordoue, résolu de faire arrêter Elvire, et de l'envoyer si loin qu'on n'en entendit jamais parler. Quel tapage il fit, grand dieu! Lorsqu'en arrivant il trouva qu'elle s'était échappée, qu'elle était allée rejoindre son mari, et qu'ils venaient de s'embarquer l'un et l'autre pour les Indes

Occidentales. Il jura, tempêta contre nous tous, comme s'il eût été possédé du malin esprit; il fit jetter mon père dans une prison, mon père! qui, j'ose le dire, était bien le plus honnête cordonnier qu'on pût trouver dans Cordoue; et quand il nous quitta, il eut la cruauté de nous enlever le petit garçon de ma sœur, un enfant de deux ans, que, dans la promptitude de sa fuite, elle avait été forcée de nous laisser. J'ai tout lieu de présumer qu'il en a fort mal agi avec le pauvre enfant; car nous avons reçu, fort peu de mois après, la nouvelle de sa mort ».

« C'était, madame, un méchant vieillard que ce marquis là », dit don Christoval.

« Un grossier, un homme sans discernement! Croiriez-vous, monsieur, qu'il eut l'insolence de me dire, lorsque je m'efforçais de l'appaiser: « Retirez-vous, sorcière, je voudrais pour punir le comte, que votre sœur vous ressemblât.

Voilà un propos fort ridicule, s'écria don Christoval. Je ne doute pas que le comte, au contraire, n'eût été fort aise d'échanger, s'il eût été possible, une sœur pour l'autre.

« Ah! monsieur, vous êtes réellement trop poli. Cependant je ne suis pas fâchée, d'après l'évènement, qu'il ait donné la préférence à ma sœur. La pauvre Elvire n'a pas eu fort à se féliciter des suites de cette union. Après treize mortelles années de séjour en Amérique, son mari mourut; elle revint en Espagne, sans argent, sans ressource, sans asyle où elle pût reposer sa tête. Antonia, que vous voyez, était le seul enfant qui lui restât. Son beau-père toujours irrité contre le comte, s'était remarié pendant leur absence; il avait eu de sa seconde femme un fils, qu'on dit être aujourd'hui un fort aimable jeune homme. Le vieux marquis refusa de voir ma sœur à son retour ; cependant il lui assigna une modique pension, moyennant qu'elle irait vivre avec son enfant en Murcie, dans un vieux château qui avait été jadis l'habitation favorite de son fils aîné, et que, pour cette raison, le vieux marquis laissait tomber en ruine. Ma sœur accepta la proposition et se rendit en Murcie, où elle est restée jusqu'à la fin du mois dernier ».

« Et qu'elle affaire l'a conduite à Madrid » ? Dit Lorenzo, qui avait écouté avec le plus vif intérêt le récit de Léonelle.

« Hélas ! monsieur, son beau-père vient de mourir, l'intendant du château de Murcie a refusé de lui payer plus long-tems sa pension. Elle vient d'arriver à Madrid dans l'intention d'adresser ses sollicitations au jeune marquis ; mais je crains qu'elle n'ait pris une peine inutile. Vous n'avez jamais trop d'argent, vous autres jeunes seigneurs, et vous n'êtes jamais disposés à vous en dessaisir en faveur des femmes, lorsqu'elles sont un peu âgées. J'avais conseillé à ma sœur de charger Antonia d'aller présenter ses demandes; mais elle a rejetté mon conseil. Elle est si obstinée! Antonia, avec sa jolie petite figure, aurait pu obtenir tout ce qu'elle aurait demandé ».

« Et pourquoi, dit don Christoval, d'un ton ironiquement passionné, s'il faut une jolie figure, votre sœur n'a-t-elle pas eu recours à vous » ?

« Monsieur, vous me rendez confuse. Je ne sais pas si ma sœur aurait pu songer à cet expédient; mais quant à moi, je connais le danger de pareilles commissions, et je n'oserais jamais m'exposer...... Les hommes sont aujourd'hui si méchans »!

« Vous avez donc, madame, une grande aversion pour les hommes » ?

Monsieur, jusqu'à présent je n'ai pas lieu.... ».

« Mais, s'il arrivait qu'à présent un jeune homme aimable vous proposât, par exemple, le mariage, auriez-vous la cruauté de rejetter ses offres » ?

« Un jeune homme aimable? Je verrais alors, monsieur, ce que j'aurais à faire ».

En disant ces mots, elle voulut jetter à don Christoval un regard tendre et significatif, mais grace à l'obliquité de ses yeux, ce fut Lorenzo qui le reçut. Il fit une profonde révérence en signe de remercîmens.

« Puis-je vous demander, dit-il, le nom du jeune seigneur, auprès duquel dona Elvire se propose de faire des démarches » ?

« Le marquis de las Cisternas ».

« Cisternas! Je le connais beaucoup. Il n'est pas en ce moment à Madrid; mais on l'attend incessamment. C'est un excellent jeune homme, et si l'aimable Antonia me permet d'être auprès de lui son avocat, je crois pouvoir lui rapporter d'heureuses nouvelles ».

Antonia leva sur lui ses beaux yeux bleus, et le remercia par un agréable sourire. Léonelle fit des remercîmens beaucoup plus bruyans et accepta son offre avec les assurances de la plus vive reconnaissance. « Mais, Antonia, pourquoi ne parlez-vous pas, mon enfant? Répondez aux civilités de monsieur. Auriez-vous la bonté de m'expliquer, continua-t-elle, en s'adressant à don Christoval, à quelle occasion tant de monde se trouve aujourd'hui rassemblé dans cette église » ?

« Ignorez-vous, madame, que le père Ambrosio, prieur de ce couvent, fait ici un sermon tous les jeudis? Tout Madrid retentit de ses louanges, et comme il n'a encore prêché que trois fois, tout le monde accourt pour l'entendre. Quoi! le bruit de sa renommée n'est pas parvenu jusqu'à vous»?

«Hélas, monsieur, je ne suis arrivée que d'hier à Madrid, et nous sommes si peu instruits à Cordoue de ce qui se passe dans le reste du monde, que le nom d'Ambrosio n'y est pas encore parvenu».

«Ce nom est ici dans toutes les bouches; hommes et femmes, jeunes et vieux, n'en parlent qu'avec enthousiasme. Nos grands d'Espagne le comblent de présens; leurs femmes ne veulent que lui pour confesseur; il est connu par toute la ville sous le nom de l'homme de Dieu».

«Il est sans doute, monsieur, d'une illustre origine, dit Léonelle».

» C'est ce qu'on ne sait point. Le dernier prieur des Dominicains le trouva, comme il était encore enfant, à la porte de son couvent. On fit d'inutiles recherches pour découvrir qui l'avait laissé-là; il a été élevé dans le monastère. On a remarqué en lui, dès son enfance, beaucoup de goût pour l'étude et la vie retirée, et aussitôt qu'il a été en âge, il a prononcé ses vœux. Personne depuis n'est venu le réclamer, et l'on ignore encore le secret de sa naissance. Les moines, charmés d'entretenir le crédit que donnent à leur couvent le talent de cet homme, n'ont pas hésité à publier que c'est un présent qui leur a été fait par la sainte vierge. Il faut avouer que la singulière austérité de sa vie, donne à cette fable un air de probabilité. Il est à présent âgé d'une trentaine d'années. Toutes les heures de sa jeunesse ont été consacrées à l'étude, dans un isolement

isolement absolu de la société et dans de continuelles mortifications. Nommé prieur de sa communauté, il y a environ trois semaines, il n'avait jamais franchi les murs de son couvent, il ne les franchit même à présent que pour se rendre à la chaire de cette église, où tout Madrid accourt, comme vous voyez, pour l'entendre. On le dit fort savant et fort éloquent. Il n'a pas, dans tout le cours de sa vie, transgressé un seul des règlemens de son ordre; on n'apperçoit pas la plus légère tache sur son caractère, et quant à son vœu de chasteté, on assure, madame, qu'il ne sait pas même quelle différence il y a entre un homme et une femme; aussi est-il déjà regardé comme un saint par le commun peuple.

« Si l'on est saint à ce prix, dit Antonia, je puis bien me flatter aussi d'être une sainte ».

» Miséricorde! s'écria Léonelle;

de quelle question vous occupez-vous là, ma nièce ? ces sortes de sujets ne sont point de la compétence d'une jeune personne. Ne devez-vous pas ignorer qu'il existe dans le monde ce qu'on appelle des hommes ? Ne devez-vous pas imaginer que tout le monde est du même sexe que vous ? toute la différence est que les uns ont de la barbe, et que les autres n'en ont point ; ceux-ci, la gorge rebondie, ceux-là . . . ».

Léonelle eût probablement continuée d'instruire sa petite nièce par le moyen de ces ingénieuses distinctions, si un murmure de contentement, qui se répandit en ce moment par toute l'église, n'eût annoncé l'arrivée du prédicateur. Dona Léonelle se leva de dessus sa chaise pour le mieux voir, et Antonia imita son exemple.

Le prédicateur était un fort bel homme ; sa figure était extrêmement agréable, sa taille haute et son aspect imposant. Un nez aquilin, un œil noir et brillant, d'épais sourcils, fort rapprochés, étaient les traits les plus remarquables de sa physionomie. Ses cheveux étaient d'un brun clair. Quoiqu'il ne fût encore qu'à la fleur de l'âge, l'étude et les veilles avaient presque totalement décoloré ses joues. Son front serein paraissait être le siége de la candeur et de la vertu. Tous ces traits exprimaient le contentement intérieur d'une ame également exempte de soins et de crimes; il salua l'auditoire d'un air fort humble. On remarquait encore dans son regard vif et pénétrant, une sorte de sévérité, qui commandait la vénération, et dont peu de personnes pouvaient soutenir l'aspect. Tel était Ambrosio, prieur des Dominicains, et surnommé l'homme de Dieu.

Antonia sentit en le voyant un plaisir inexprimable. Elle attendait impatiemment que le moine vînt à parler, et quand il parla, le son de sa voix pénétra jusqu'au cœur de la jeune fille. Les autres auditeurs, quoique moins vivement émus, n'entendirent point le prédicateur sans intérêt. Tous étaient attentifs, et le plus profond silence régnait jusques dans les chapelles les plus reculées. Lorenzo, lui-même, ne put résister au charme; il oublia qu'Antonia était assise auprès de lui, et n'eut d'attention que pour le prédicateur.

Ambrosio développa, en termes clairs, simples et énergiques, les beautés de la religion. Il expliqua, avec autant de clarté que de précision, quelques articles obscurs des saintes écritures. Il déclama contre les vices de l'humanité; dépeignit les châtimens qui leur étaient réservés dans l'autre monde; et sa voix alors, tout à la fois distincte et profonde, devint terrible comme celle de la tempête. Pas un seul auditeur qui ne fit, en frémissant, un retour sur sa vie passée. Chacun crut entendre rouler le tonnerre sur sa tête, et voir sous ses pieds l'abîme de l'éternité. Mais lorsque par une brusque transition, Ambrosio vint à peindre la douce sérénité d'une conscience pure, les récompenses promises aux ames vertueuses, l'auditoire reprit insensiblement courage; on vit reparaître sur tous les visages l'espoir et la confiance en la miséricorde infinie de dieu. On attendait avec impatience chaque parole consolante qui sortait de la bouche du prédicateur, et bientôt en écoutant sa voix mélodieuse, chacun se crut transporté dans ces heureuses régions, qu'il dépeignait à l'imagination avec des couleurs si vives et si brillantes.

Quoique le sermon eût été fort long, il ne se trouva personne qui ne regrétât d'en entendre déjà la péroraison. Après que le moine eut cessé de parler, on gardait encore le silence; mais le charme venant insensiblement à se rompre, l'admiration générale éclata; on se porta en foule autour de la chaire comme il en sortait; on le complimenta, on le combla de bénédictions, on se jetta à ses pieds, on baisa respectueusement le bas de sa robe. Le saint homme traversa la foule, lentement et les mains croisées sur sa poitrine, jusqu'à la porte qui conduisait de l'église à son couvent. Après avoir monté quelques marches, se tournant vers ceux qui le suivaient, il leur adressa quelques mots de reconnaissance et d'exhortation. Tandis qu'il parlait, il laissa tomber, comme par hasard, le rosaire qu'il tenait à sa main. La multitude s'en saisit, et chacun s'efforça d'en avoir un grain, pour le conserver comme une précieuse relique. On ne se serait pas disputé plus vivement le chapelet du grand saint Dominique. Souriant de voir leur empressement, le religieux leur donna sa bénédiction et les quitta. L'humilité la plus profonde se peignait en ce moment dans tous ses traits. Etait-elle aussi dans son cœur ?

Antonia le suivit des yeux tant qu'il lui fut possible. Il lui sembla, quand la porte se referma sur lui, qu'elle venait de perdre un objet essentiel à son bonheur, et ses yeux, à son insu, se mouillèrent de larmes.

« Il est totalement séparé du monde, dit-elle tout bas, peut-être ne le verrai-je plus » ?

Comme elle portait son mouchoir à ses yeux, Lorenzo observa son attendrissement.

« Etes-vous contente, lui dit-il, de notre prédicateur, et pensez-vous que l'on se soit fait à Madrid une trop haute idée de ses talens » ?

Le cœur d'Antonia était rempli d'admiration pour l'homme de Dieu; elle se trouvait disposée à parler de lui. Lorenzo, d'ailleurs, n'était plus pour elle un inconnu.

« Oh! cet homme, répondit-elle, a surpassé toutes mes espérances. Je n'avais encore aucune idée du pouvoir de l'éloquence; mais dès qu'il a parlé, sa voix m'a inspiré tant d'intérêt, tant d'estime, je pourrais même dire d'affection, que je suis moi-même étonnée de la vivacité de mes sentimens ».

« Vous êtes jeune, reprit Lorenzo en souriant; il est naturel que votre cœur sente vivement ces premières impressions; que, simple et sans artifice comme vous paraissez l'être, vous ne soupçonniez point les autres de dissimulation, et que ne voyant le monde qu'à travers le prisme de votre propre innocence, tout ce qui vous environne vous paraisse digne de votre estime; mais il faut vous attendre à voir se dissiper ces séduisantes illusions; à découvrir, dans ceux qui excitent le plus votre admiration, des sentimens quelquefois avilissans; à trouver même des ennemis dans ceux qui vous montrent le plus de bienveillance ».

« Hélas! monsieur, répondit Antonia, les infortunes de mes parens ne me fournissent que trop d'exemples de fausseté et de perfidie; cependant je ne puis croire que le trait de sympathie qui me porte involontairement vers ce digne religieux, doive m'inspirer des craintes pour l'avenir ».

« Je ne le crois pas plus que vous. Le père Ambrosio jouit d'une excellente réputation. Un homme, d'ailleurs, qui a passé toute sa vie entre les murs d'un couvent, ne peut avoir trouvé l'occasion de mal faire, quand même il en aurait eu la volonté mais à présent que par les devoirs de son état, il va se trouver obligé de sortir de tems en tems de sa retraite, de voir un peu le monde qui lui est encore inconnu, il faut voir comment il soutiendra cette épreuve ».

« Oh! j'espère qu'il la soutiendra glorieusement ».

« Je l'espère aussi, mademoiselle; et l'intérêt que vous prenez à ses succès, s'il en était instruit, serait sans doute pour lui un grand motif d'encouragement. Tout annonce, d'ailleurs, qu'il est né pour faire exception à la règle générale, et l'envie chercherait en vain à noircir son caractère ».

« Vous me faites, monsieur, beaucoup de plaisir, en me donnant cette assurance. Je suis charmée de pouvoir me livrer sans crainte au penchant qu'il m'inspire, et j'aurais été bien fâchée, si vous m'eussiez conseillé de résister à ce sentiment. Ma tante, monsieur dit que le père Ambrosio est un homme irréprochable; engagez, je vous prie, maman à le choisir pour notre confesseur ».

« Pour notre confesseur, reprit Léonelle? c'est ce que je ne ferai point, soyez-en sûre. Je ne l'aime point, moi, votre père Ambrosio; il a l'air trop sévère. Son regard me fait trembler de la tête aux pieds. S'il était mon confesseur je n'aurais pas le courage, en vérité, de lui tout dire, et alors, bon dieu, où en serions-nous? Le tableau qu'il nous a fait de l'enfer m'a causé une si grande frayeur que je n'en reviens point; et quand il a parlé des pécheurs, j'ai cru qu'il allait tous nous manger ».

« Vous avez raison, segnora, reprit don Christoval; un excès de sévérité est, dit-on, le seul défaut d'Ambrosio. J'ai oui dire que, dans l'administration intérieure de son couvent, il a déjà donné, à l'égard des autres religieux, quelques preuves de l'inflexibilité de son caractère. Mais la foule commence à se dissiper. Voulez-vous nous permettre, mesdames, de vous accompagner jusqu'à votre demeure ».

« Oh ciel ! s'écria Léonelle, en faisant semblant de rougir ; je ne voudrais pas, monsieur, pour tout au monde, souffrir que vous prissiez tant de peine. Ma sœur est si scrupuleuse, qu'elle me ferait une grande heure de réprimande, si elle me voyait rentrer accompagnée par un cavalier inconnu. D'ailleurs, je désirerais, monsieur, que vous voulussiez bien différer encore quelque tems vos propositions... ».

« Mes propositions ? Je vous assure, segnora.... ».

« Oui, monsieur ; je veux bien croire que votre empressement est

sincère,

sincère, et je sens quelle peut être votre impatience; mais réellement, je désire que vous me donniez un peu de répit. Ce serait de ma part un procédé peu délicat, que d'accepter, dès la première entrevue, l'offre de votre main ».

« Madame, je vous donne ma parole d'honneur.... ».

« Allons, monsieur; ne me pressez pas, si vous m'aimez. Je regarderai votre condescendance pour mes volontés comme une preuve de votre amour. Vous recevrez demain matin de mes nouvelles. C'est tout ce que je puis vous accorder aujourd'hui. Adieu. Mais, je voudrais, messieurs, savoir le nom de l'un et de l'autre ».

« Mon ami, répondit Lorenzo, est le comte d'Ossorio, et moi, l'on me nomme Lorenzo de Medina ».

« Don Lorenzo, j'informerai ma sœur de vos offres obligeantes, et vous ferai connaître le résultat de notre conversation. Où puis-je vous adresser la lettre »?

« Au palais de Medina; c'est le lieu de ma résidence ».

« Il suffit. Adieu, messieurs; et vous monsieur le comte, modérez, je vous prie, l'excessive ardeur de votre passion. Cependant pour vous prouver qu'elle ne me déplaît point, et que mon intention n'est pas de vous désespérer, recevez cette marque de mon affection, et pensez quelquefois à Léonelle ».

En disant ces mots, elle lui tendit une main sèche et ridée, que don Christoval baisa; mais ce fut de si mauvaise grace et avec une répugnance si marquée, que Lorenzo eut toutes les peines du monde à ne pas éclater de rire. Léonelle, alors, se hâta de sortir de l'église; l'aimable Antonia la suivit en silence. Quand elle fut arrivée au portail, elle tourna involontairement la tête, et ses regards se portèrent vers Lorenzo. Celui-ci, qui ne la perdait pas de vue, lui fit un grand salut, montrant par quelques signes qu'il regrettait de la quitter; elle lui rendit le salut et se retira promptement.

« Ainsi, dit Christoval à son ami, lorsqu'ils furent seuls, vous m'avez procuré une charmante intrigue! Pour faciliter vos desseins sur Antonia, j'ai fait obligeamment quelques honnêtetés à la tante, et après une heure au plus, je me trouve à deux doigts du mariage. Comment me récompenserez-vous, mon cher, de ce que j'ai souffert pour vous servir; d'avoir pu baiser en votre nom la main de cette vieille sorcière? Depuis ce moment-là j'ai un goût d'ail tout autour des lèvres, je ne sais quelle odeur de cuisine; je suis sûr qu'au Prado l'on me prendra pour une omelette ambulante ».

« J'avoue, mon cher comte, que vous vous êtes trouvé dans une situation assez périlleuse ; cependant je suis si éloigné de la croire insupportable, que je vous prierai probablement de ne pas négliger les dons qu'un heureux hazard vient de vous offrir ».

« Un heureux hazard ! Je vois mon cher, que vous en tenez déjà pour la petite Antonia ».

« Je ne puis vous exprimer combien elle m'a paru charmante. Depuis la mort de mon père, mon oncle, le duc de Medina, m'a fait connaître qu'il désirait de me voir marié. J'ai jusqu'à présent évité de remplir ses vues et feint de ne point les comprendre ; mais à vous dire vrai, depuis que j'ai vu cette aimable enfant. . . . . ».

« J'imagine, Lorenzo, que vous ne serez pas assez fou pour vouloir faire votre femme de la petite fille du très-honnête cordonnier de Cordoue» ?

« Arrêtez, Christoval ; vous oubliez qu'elle est aussi petite fille du feu marquis de las Cisternas ; mais sans disputer sur la naissance et sur les titres, je puis vous assurer que jamais femme ne m'a aussi vivement intéressé ».

« Cela est possible ; vous ne pouvez cependant songer à l'épouser ».

« Et pourquoi donc, mon cher comte ? Je suis riche assez pour elle et pour moi, et vous savez que, sur cet article, mon oncle a une façon de penser fort au-dessus du vulgaire. D'après ce que j'ai vu de Raymond de las Cisternas, je suis bien assuré qu'il s'empressera de reconnaître Antonia pour sa nièce ; sa naissance ne pourra donc être un obstacle à l'accomplissement de mes vœux. Je pourrai, sans inconvenance, lui faire ouvertement l'offre de ma main. Chercher à l'obtenir à d'autres conditions, c'est ce que je suis incapable de faire. J'avoue que je vois en elle tout ce qui peut me rendre heureux dans la possession d'une femme. Elle est jeune, douce, aimable, sensible; et je suis assuré qu'elle a de l'esprit ».

« Comment le savez-vous? Elle ne dit point autre chose que « oui et non ».

« Il est vrai; mais vous m'avouerez aussi qu'elle dit toujours « oui et non » fort à propos. D'ailleurs, mon ami, ne voyez-vous pas que tout parle en elle, ses yeux, son embarras, sa modestie, sa candeur?... »

« Oh oui; je n'y songeais pas. Je vois que vous avez raison. Voulez-vous que nous nous donnions rendez-vous ce soir à la comédie? Nous pourrons parler de tout cela plus à notre aise ».

« Cela n'est pas possible aujourd'hui. Je ne suis arrivé que d'hier au soir à Madrid, et je n'ai encore pu voir ma sœur. Vous savez que son couvent est dans cette rue, et j'y allais lorsque, voyant la foule se porter à cette église, j'y suis entré par curiosité. Je vais suivre ma première intention, et probablement je passerai la soirée au parloir ».

« Votre sœur est dans un couvent, dites-vous ? Mais en effet, je l'avais oublié. L'aimable dona Agnès ! Je suis vraiment étonné, don Lorenzo, que vous ayez pu consentir à claquemurer une si charmante fille dans la triste enceinte d'un cloître ».

« Moi, don Christoval ! pouvez-vous me soupçonner d'une semblable barbarie ? Vous devez vous rappeler qu'elle a pris le voile volontairement ; qu'elle même a désiré, je ne sais d'après quelles particularités, se séparer du monde. J'ai tout fait pour la détourner de cette résolutiou ; mes tentatives ont été vaines, et j'ai perdu ma sœur ».

« Oh! vous avez de quoi vous consoler, Lorenzo : il revenait, si j'ai bonne mémoire, à dona Agnès une portion d'héritage de dix mille piastres dont la moitié rentre ainsi dans vos mains. Par saint Jago, je voudrais avoir cinquante sœurs pareilles, je consentirais de tout mon cœur à les perdre au même prix ».

« Quoi! reprit Lorenzo d'un air irrité, me soupçonneriez-vous assez vil pour avoir pu influencer les résolutions de ma sœur? Pensez-vous que la déshonorante intention de me rendre maître de sa fortune?....».

« Adieu, adieu, don Lorenzo. Vous voilà déjà tout en feu, prêt à vous fâcher pour un mot. Puisse l'aimable Antonia, adoucir cet excès de susceptibilité! Autrement il faudrait avoir à chaque instant l'épée à la main. Pour prévenir une tragique catastrophe, je vous quitte. Adieu, modérez ces dispositions inflammables, et ressouvenez-vous, quand il s'agira, pour vous obliger, de faire l'amour à quelque vieille femme, que vous pouvez compter sur mes services ».

En disant ces mots, il sortit précipitamment de l'église.

« Que cet homme, dit en lui-même Lorenzo, a été mal élevé ! Est-il possible qu'avec un excellent cœur, Christoval ait un jugement si peu solide » ?

La journée était alors fort avancée. Cependant les lampes de l'église n'étaient point encore allumées. Les faibles lueurs du crépuscule perçaient avec peine la gothique obscurité de ce vaste édifice. Entraîné par ces réflexions, occupé d'Antonia, dont l'absence lui était déjà pénible; de sa sœur, dont les propos de Christoval lui retraçaient le douloureux sacrifice ; Dorenzo se livra à une foule d'idées mélancoliques, que nourrissait encore l'aspect religieux des objets dont il était environné. Toujours appuyé contre le septième pillier, il respirait avec une sorte de volupté l'air frais qui circulait entre les longues colonnades. Bientôt les rayons de la lune passant à travers les vitraux, teignirent de mille diverses couleurs les voûtes et les énormes pilastres qui soutenaient la coupole. Le profond silence qui regnait en ce lieu, n'était interrompu que par le bruit de quelques portes que l'on fermait dans le couvent des Dominicains. Lorenzo s'assit sur une chaise qui se trouvait près de lui, et s'abandonna à ses rêveries. Antonia était le principal objet de ses pensées ; il songeait aux obstacles qui pourraient traverser leur union ; aux moyens qu'il emploierait pour les surmonter. Naturellement méditatif, la tristesse même de ses réflexions n'était pas pour lui sans quelque douceur. Il s'endormit, et bientôt des rêves analogues à sa situation, vinrent présenter à son imagination des scènes plus vives. Lorenzo rêva qu'il venait d'être transporté tout-à-coup au lieu même où il se trouvait réellement, c'est-à-dire dans l'église des Dominicains; mais ce lieu n'était plus ni sombre ni solitaire. Un grand nombre de lampes d'argent éclairait la nef et les aîles de l'église, que remplissaient également la voix mélodieuse de l'orgue et les chants religieux du chœur. L'autel était décoré comme aux fêtes les plus solemnelles, et entouré de la plus brillante compagnie. Au pied de l'autel, était Antonia, parée de la robe nuptiale, et de tous les charmes de la modestie virginale.

Partagé entre l'espoir et la crainte,

Lorenzo considérait attentivement ce spectacle. Aussi-tôt une porte s'ouvre et il voit entrer, suivi d'un grand nombre de moines du même ordre, le prédicateur qu'il avait écouté avec tant d'admiration. Ambrosio s'approche d'Antonia : « Je ne vois point, dit-il, votre futur époux ; où est-il » ?

Antonia regarde tout autour de l'église. Lorenzo fait involontairement quelques pas en avant ; elle l'apperçoit, rougit et lui fait signe d'approcher. Le jeune homme court se jetter à ses pieds. Après l'avoir considéré quelques instans : « Oui s'écria-t-elle, oui voilà l'époux qui m'est destiné ».

En disant ces mots, elle est prête à se jetter dans ses bras ; mais avant qu'il puisse la recevoir, un inconnu se présente entr'eux ; sa forme est gigantesque, son teint basané, ses yeux ardens et terribles ; sa bouche vomit

vomit des torrens de feu, et sur son front est écrit en caractères lisibles : « Orgueil, luxure, inhumanité » ?

Antonia pousse un cri perçant. Le monstre la prend dans ses bras, et sautant avec elle, la tourmente de ses odieuses caresses ; elle fait des efforts pour se soustraire à ses embrassemens. Lorenzo vole à son secours ; mais en ce moment un grand coup de tonnerre se fait entendre ; les moines prennent la fuite ; les lampes s'éteignent ; l'autel s'engloutit, et l'on voit à sa place un gouffre d'où sortent des tourbillons de flamme et de fumée. Le monstre en poussant un cri effroyable, s'y plonge et cherche à entraîner la jeune fille avec lui ; mais à l'aide des efforts de Lorenzo, elle se dégage des bras du monstre, et se précipite dans ceux de son défenseur. Un nuage brillant paraît alors. L'église retentit de mille voix harmonieuses : Le nuage perce

la voûte et va se perdre dans l'im-
mensité du ciel.

Fatigué par ce songe, Lorenzo
trouva à son réveil, étendu sur
pavé de l'église. Les lampes étaie
alors allumées, et comme il ente
dait dans le lointain quelques vo
qui psalmodiaient, il eut beauco
de peine à se persuader que ce qu
avait vu n'était qu'un rêve. Cep
dant, mieux éveillé, il reconnut so
erreur. Les lampes de l'église avaie
été allumées durant son somm
et les chants qu'il entendait, éta
ceux des moines, qui récitaient le
office au petit chœur.

Lorenzo totalement remis, se le
dans l'intention de se rendre au c
vent de sa sœur; mais avant qu
eût atteint le portail, il fut éto
de voir entrer dans l'église un ho
me enveloppé dans un manteau
qui, se glissant furtivement le long
mur, paraissait prendre beaucoup

précautions pour n'être point apperçu. Cet air de mystère, ces précautions mêmes, excitèrent la curiosité de Lorenzo. « Je m'en vais, disait-il, il ne me convient point d'épier les secrets d'autrui ». Et, tout en se faisant à lui-même cette leçon, il ne s'en allait point, et se cachait derrière une colonne pour observer ce que ferait l'inconnu.

Celui-ci continua d'avancer en marchant sur le bout du pied. A la fin Lorenzo le vit tirer de sa poche une lettre, et la placer avec beaucoup de promptitude au bas du piédestal d'une statue colossale de saint Dominique, qui se trouvait sur un des côtés de la nef. Se retirant alors précipitamment, il alla se cacher dans le lieu le plus obscur de l'église, à une assez grande distance de la statue.

« Voici, dit en lui-même Lorenzo, si je ne me trompe, quelque intrigue amoureuse. Ne prévoyant pas que je puisse être d'aucune utilité à ces pauvres amans, je ferais aussi bien de m'en aller ».

Ce n'est pas qu'auparavant il eût songé à être utile; mais c'était une manière adroite d'excuser à ses propres yeux son indiscrète curiosité. Il se disposa donc pour la seconde fois à sortir de l'église, et déjà il avait gagné le portail. Mais il était apparemment écrit dans le ciel qu'il ne ferait point ce soir-là de visite à sa sœur. En descendant quelques marches pour se rendre dans la rue, une personne qui les montait, le heurta avec tant de violence, que tous les deux furent presque renversés du coup. Lorenzo mit l'épée à la main.

« A quel propos, monsieur, venez-vous vous jetter sur moi si rudement »?

« Ah! c'est vous, Medina? dit l'autre qu'à sa voix Lorenzo reconnut bientôt pour être don Christoval; félicitez-vous mon cher, de n'avoir pas encore quitté l'église. Entrons, entrons; elles vont venir toutes, et nous les verrons ».

« Elles vont venir! Et qui donc »?

« La vieille poule et ses petits poulets, tout est en chemin. Rentrons, vous dis-je, et je vais vous expliquer tout cela ».

Ils rentrèrent l'un et l'autre dans l'église, et allèrent se cacher précisément derrière la statue de saint Dominique.

« A présent, dit Lorenzo, puis-je prendre la liberté de vous demander ce que signifient cette grande précipitation, ces transports »?

« Une aventure délicieuse. L'abbesse de sainte Claire, et tout son jeune troupeau, sont en chemin pour se rendre ici. Vous devez savoir que le très-dévot Ambrosio a fait vœu, ce dont le ciel soit loué, de ne jamais sortir des murs de son couvent. Cependant tous nos couvens de femmes les plus distingués le veulent pour confesseur. Les religieuses sont donc obligées de se rendre elles-mêmes aux Dominicains ; car il faut bien, si la montagne ne veut pas s'approcher de Mahomet, que Mahomet s'approche de la montagne. Mais pour échapper aux regards indiscrets des curieux, tels que vous et moi, la prieure de sainte Claire ne mène ses religieuses à confesse que la nuit. Elles vont être introduites par une petite porte particulière, qui donne dans la chapelle de la vierge, et que vous voyez d'ici. De là elles se rendront dans cette autre chapelle, où se trouve le confessionnal d'Ambrosio. La vieille portière de sainte Claire, qui m'honore d'une amitié spéciale, vient de m'assurer qu'elles allaient arriver dans l'espace de cinq minutes. N'est-ce point là une bonne aventure pour vous, monsieur l'amoureux? Nous allons voir quelques-uns des plus jolis minois qui soient dans Madrid ».

« Vous allez voir, Christoval, que vous ne verrez rien; car les religieuses de sainte Claire sont toujours voilées ».

« Excepté, mon cher Médina, quand elles entrent dans une église. Alors elles ôtent leur voile par respect pour la sainteté du lieu; et l'église est, en ce moment, assez éclairée pour que nous puissions les voir bien distinctement. Croyez que je suis mieux instruit que vous. Silence, les voici. Voyez vous-même et soyez convaincu ».

« Fort bien, dit en lui-même Lorenzo, je découvrirai peut-être à qui s'adressent les vœux de ce mistérieux étranger ».

Don Christoval avait à peine cessé de parler, lorsque l'abbesse de sainte

Claire parut, suivie d'une longue file de religieuses. Toutes, en entrant, levèrent leur voile. L'abbesse traversa la nef les mains croisées sur sa poitrine, et fit une grande révérence comme elle passait devant la statue de saint Dominique, patron de cette église. Les autres nones l'imitèrent, et plusieurs passèrent sans satisfaire la curiosité de Lorenzo. Il commençait à désespérer de voir ses doutes éclaircis, lorsqu'une religieuse, qui se trouvait dans les derniers rangs, en se prosternant devant saint Dominique, feignit de laisser tomber son rosaire; mais en le ramassant, elle tira avec beaucoup de dextérité la lettre de dessous le pied de la statue, la cacha dans son sein, et reprit son rang à la procession.

« Elle est jolie, dit tout bas Christoval, qui à l'aide d'un rayon de lumière, avait pu voir son visage, et je suis bien surpris s'il n'y a pas ici quelque amourette sous jeu ».

« C'est Agnès, par le ciel, s'écria Lorenzo ».

« Quoi! votre sœur? Ah diable! l'affaire devient plus grave que je ne l'imaginais ».

« Une intrigue clandestine avec ma sœur! j'espère que quelqu'un va m'en faire raison à l'instant même ».

L'honneur Espagnol ne pardonne pas une offense de cette nature. Toute la procession était entrée dans la chapelle du confessionnal; l'inconnu, sortant alors du lieu où il s'était tenu caché, gagnait promptement le portail; mais avant qu'il pût l'atteindre, il se sentit arrêté par Medina, qui s'était porté sur son passage: il fit un pas en arrière, en enfonçant son chapeau sur ses yeux.

« Ne cherchez pas à m'éviter, s'écria Lorenzo; je veux savoir qui vous êtes, et quel est le contenu de cette lettre ».

« Le contenu, reprit l'inconnu; et de quel droit me faites-vous cette question ».

« Je vous le dirai une autre fois. En ce moment, répondez à mes demandes, ou mettez-vous en garde».

« J'aime mieux accepter votre dernière proposition, dit l'autre. Allons, mensieur, je suis en garde ».

Tous les deux avaient en effet mis l'épée à la main, et Lorenzo attaquait en furieux. Mais Christoval, qui était plus de sang froid, se précipita entre eux et les sépara, en s'écriant :

« Arrêtez, Medina, arrêtez. Y songez-vous? Est-ici le lieu de vider votre querelle? voulez-vous donc vous battre dans une église ».

L'inconnu resserra son épée.

« Medina, dit-il, du ton de la

surprise. Grand Dieu ! est-il possible? Auriez-vous oublié Raymond de las Cisternas » ?

Lorenzo, également surpris, avait peine à reconnaître son ami, et dans l'incertitude, refusait de lui donner la main. Il le reconnut enfin.

« Quoi ! marquis, dit-il, vous à Madrid? Que veux dire tout ceci? Comment se fait-il que vous vous trouviez engagé dans une correspondance clandestine avec ma sœur, dont les affections? . . . ».

« — Se sont depuis long-tems déclarées en ma faveur, reprit Raymond, en l'interrompant. Mais ce lieu-ci n'est pas convenable pour une explication. Veuillez, Lorenzo, m'accompagner à mon hôtel, et là, je vous raconterai mes avantures. Quelle est la personne qui vous accompagne » ?

« Un homme, répondit Christoval, que vous vous rappelerez

peut-être d'avoir vu autrefois, mais ailleurs qu'à l'église ».

« C'est, je crois, le comte d'Osorio ».

« Précisément, marquis ».

« Vous pouvez nous accompagner, don Christoval; je suis tout disposé à vous mettre dans la confidence, bien assuré de votre discrétion ».

« Vous avez de moi trop bonne opinion; mais j'évite autant que je puis de me charger du poids d'une confidence. Allez donc, sans façon, de votre côté, et je vais aller du mien. Veuillez seulement me dire votre demeure ».

« Comme de coutume, à l'hôtel de las Cisternas; mais ressouvenez-vous que je suis à Madrid incognito, et que, si vous désirez me voir, vous devez me demander sous le nom d'Alphonso d'Alvarada ».

« Fort bien. Adieu, messieurs », dit,

dit, en les quittant, don Christoval.

« Alphonso d'Alvarada, reprit d'un air étonné Lorenzo ; quoi ! marquis, vous portez ce nom » ?

« Oui, Lorenzo, et vous avez raison d'en être surpris; mais si votre cœur ne vous a rien appris de ses aventures, et des miennes, j'ai à vous raconter des choses qui vous surprendront encore davantage. Venez à mon hôtel à l'instant même.

Les religieuses devant retourner à leur couvent par la porte de la chapelle, le portier des Dominicains se disposa à fermer toutes les autres pour la nuit, Raymond et Lorenzo se retirèrent, et prirent le chemin du palais de las Cisternas.

CHAPITRE II.

Le sermon fini, Ambrosio fut reconduit par ses religieux jusqu'à la porte de sa cellule. Là, il les congédia avec l'air d'un homme qui sent sa supériorité, c'est-à-dire, avec une apparente humilité, à travers laquelle perçait visiblement la réalité de son orgueil.

Dès qu'il fut seul, il s'y livra sans réserve. Son cœur gonfla, en songeant à l'enthousiasme que son discours venait d'exciter, et son imagination lui présenta les plus brillantes perspectives. Il regardait, d'un air triomphant, tout autour de lui; sa vanité lui disait tout haut qu'il était fort au-dessus de ses confrères, et même du reste des hommes. « Quel autre, se disait-il à lui-même, a, comme moi, subi l'épreuve rigoureuse de la jeunesse? quel autre en est, comme moi, sorti pur et sans tache? Quel autre a triomphé de la violence de ses passions, des mouvemens presque irrésistibles d'un tempérament ardent et impétueux? Quel autre a eu le courage de renoncer totalement au monde, et de s'en séparer pour la vie entière? il est bien clair que je chercherais en vain mon pareil; j'étais capable, moi seul, d'une semblable résolution. Non, la religion ne peut se vanter d'avoir un autre Ambrosio. Quel effet profond mon discours n'a-t-il pas produit sur tout l'auditoire? Comme ils m'ont entouré à ma sortie! comme ils m'ont comblé d'éloges et de bénédictions, en me nommant la colonne principale, la pierre angulaire de l'église! A présent que me reste-t-il à faire? Rien; si ce n'est de veiller aussi scrupuleusement sur la conduite des autres, que j'ai veillé sur la mienne. Cependant ne serait-il pas encore possible que quelque puissante tentation m'écartât tout-à-coup du droit chemin? Ne suis-je pas un homme, et, comme tel, sujet à l'erreur, à la fragilité? Non, je me sens fort; et je puis hardiment m'exposer au danger. Je vois déjà les plus jolies femmes de Madrid, accourir à mon confessional. Il faut bien que j'accoutume mes yeux à cette vue. Aucune ne m'offrira sûrement autant d'attraits que vous, ô mon aimable madone»!

En disant ces mots, il arrêta ses regards sur une charmante image de la vierge, qu'il voyait suspendue au mur opposé de sa cellule. Il était depuis deux ans possesseur de cette jolie peinture, qui chaque jour était l'objet de son culte et de ses pieuses adorations. Il s'arrêta, la contempla avec délices. « Cette pyhsionomie est charmante, dit-il; rien de plus gracieux que la tournure de cette tête. Quelle douceur; mais anssi quelle majesté dans ces yeux divins! Comme cette joue délicate repose mollement sur sa main ! La rose a moins de fraîcheur ; oui, son incarnat est moins vif, et la blancheur du lys n'égale point celle de cette jolie main. Eh bien ! Ambrosio, si l'original de ce portrait existait dans le monde ! S'il existait pour toi seul ! S'il t'était permis de parfiler dans tes doigts ces boucles de cheveux dorés ; de presser contre tes lèvres, les trésors de ce sein de neige ? Comment pourrais-tu résister à la tentation ? Ne te croiras-tu pas assez payé de trente ans de souffrance, par un seul baiser de cette bouche, et pourrais-tu t'arracher tout-à-coup..... Insensé que je suis ! Jusqu'où me laissé-je entraîner par une dévote admiration pour cette peinture ? Arrière, loin de moi toute idée impure ! j'ai renoncé aux femmes pour la vie. Jamais d'ailleurs il n'exista une mortelle aussi parfaite que ce portrait. Et s'il en existait une, l'épreuve serait peut-être trop forte pour une vertu commune; mais celle d'Ambrosio est ferme et ne craint point la tentation. Tentation? ai-je dit; je ne serais pas même tenté. Non, cette figure qui me charme, quand je la considère comme un être idéal et d'une nature supérieure, ne m'inspirerait que du dégoût, si c'était une femme réelle, une mortelle, une foible pécheresse. Ce n'est pas la beauté féminine qui me cause cet enthousiasme; c'est apparemment l'habilité du peintre que j'admire, ou plutôt c'est un ange, c'est la divinité que j'adore. Toute passion n'est-elle pas morte dans mon sein? Ne me suis-je pas placé au-dessus de la fragilité humaine? Ne crains rien, Ambrosio; prends confiance en la force de la vertu. Vois d'un œil hardi le monde qui vient à toi. Exempt des vices de l'humanité, tu peux défier toutes les subtilités des esprits de ténèbres; ils ne prévaudront jamais contre toi ».

Ici quelqu'un frappa doucement à sa porte. Profondément occupé de ses idées, Ambrosio ne répondit point. On frappa de nouveau.

« Qui est-là? Dit-il à la fin.

« C'est Rosario », répondit une voix douce.

« Ah! C'est vous; entrez, entrez, mon fils ». La porte s'ouvrit, et Rosario entra, portant à sa main une petite corbeille. Rosario était un jeune novice, qui devait faire profession dans trois mois. L'existence de ce jeune homme était enveloppée d'une sorte d'obscurité, qui excitait pour lui l'intérêt et piquait la curiosité. Son goût pour la retraite, sa profonde mélancolie, son exactitude à remplir les devoirs de son état, le sacrifice volontaire qu'il faisait à dieu de sa liberté et d'un rang distingué dans la société : tout concourait à lui concilier l'estime et l'affection de la communauté entière. Rosario paraissait craindre d'être reconnu avant qu'il eût prononcé ses vœux ; la tête constamment enveloppé dans son capuchon, il ne laissait jamais voir qu'une partie de son visage ; cependant on pouvait aisément distinguer, par le peu qu'on en voyait, qu'il était d'une jolie figure. Rosario était le seul nom sous lequel il fût connu dans le couvent. Personne ne connaissait au juste les évènemens de sa vie, antérieurs à son entrée en religion. Quand on lui faisait des questions sur cela, il gardait un profond silence. Un étranger s'étant présenté au couvent dans un superbe équipage, avait engagé les moines à recevoir le jeune homme en qualité de novice, et payé les sommes nécessaires. Le lendemain il était revenu au couvent avec Rosario, et depuis ce moment on n'avait plus entendu parler de lui.

Rosario ne se mêlait point dans la compagnie des autres religieux; il répondait à leurs civilités, mais avec beaucoup de réserve, et montrait un goût décidé pour la solitude. Les religieux persuadés que quelques raisons, ou intérêts de famille, avaient déterminé le jeune homme à prendre l'habit monastique, le laissaient en pleine liberté de suivre ses goûts. Cependant, il paraissait distinguer le prieur. Jamais il n'approchait Ambrosio qu'avec l'air de la vénération; il recherchait même sa compagnie, et ne négligeait aucun moyen de gagner son affection. En conversant avec lui, son cœur paraissait se dilater; on voyait même une sorte de gaîté se répandre sur ses manières et dans ses discours. Ambrosio, de son côté, se sentait porté à distinguer cet aimable jeune homme. Avec lui seul, il se départait quelquefois de sa sévérité habituelle; il lui parlait d'un ton plus doux qu'à tous les autres; quelquefois même il prenait plaisir à lui donner de sages instructions. Le jeune novice écoutait ses leçons avec docilité. Chaque jour Ambrosio était plus charmé de la vivacité de son esprit, de la simplicité de ses manières et de la droiture de son cœur; enfin, l'on peut dire qu'il avait pour lui toute l'affection d'un père.

Rosario plaça, en entrant, sa corbeille sur la table. « Pardon, dit-il, mon révérend père, si ma visite en ce moment vous est importune; je viens vous demander une grace. — Un de mes meilleurs amis est tombé dangereusement malade; daignez mon père, vous ressouvenir de lui dans vos prières. S'il est un homme, sur la terre, dont les vœux doivent être exaucés, je ne doute pas que les vôtres ne soient efficaces pour la guérison de mon ami ». « Tout ce qui dépend de moi, mon fils, je suis prêt à le faire pour vous : quel est le nom de votre ami » ?

« Vincentio della Ronda ».

« Cela suffit ; je ne l'oublierai pas. Puisse notre saint patron obtenir du Tout-puissant ce que vous désirez ! — Qu'avez-vous là dans votre corbeille, Rosario » ?

« Ce sont quelques fleurs, révérend père ; j'ai cru qu'elles pouvaient vous être agréables. Voulez-vous me permettre de les arranger dans votre cellule » ?

« Votre attention me charme, mon fils ».

Tandis que Rosario distribuait les fleurs dans de petits vases, placés de distance en distance, le prieur soutint la conversation.

« Je ne vous ai pas apperçu aujourd'hui à l'église, Rosario » ?

J'y étais cependant, révérend père ; je suis trop reconnaissant de vos bontés pour avoir négligé d'être témoin de votre triomphe ».

« Hélas ! Rosario, il n'y a pas là de quoi triompher. Le saint esprit a parlé par ma bouche, lui seul a tout fait. Vous avez donc été passablement content de mon discours » ?

« Passablement, dites-vous ? je pense que vous vous êtes surpassé. Jamais vous n'aviez encore déployé autant d'éloquence, si ce n'est peut-être un certain jour. . . . ».

Ici Rosario poussa involontairement un soupir.

« Et quel est ce jour » ? reprit Ambrosio.

« Lorsque vous prêchâtes en l'absence de votre prédécesseur qui venait de tomber malade ».

« Quoi ! vous assistâtes à ce sermon !

mon ! Mais il y a plus de deux ans, je ne vous connaissais pas encore, Rosario.

— Il est vrai, mon père, et plût à Dieu que la mort m'eût enlevé de ce monde la veille de ce jour mémorable, elle m'aurait sauvé bien des chagrins.

— Des chagrins, Rosario, à votre âge !

— Oh oui, mon père ! des chagrins, des souffrances, qui exciteraient votre compassion ou peut-être votre colère, si vous les connaissiez : des souffrances, qui sont à la fois le tourment et le charme de ma vie. Cependant, mon ame, dans cette retraite, recouvrerait peut-être sa première tranquillité, si elle n'était pas encore agitée par la crainte. Oh Dieu ! je ne crois pas qu'il existe un sentiment plus cruel que la crainte. J'ai tout abandonné, mon père ; j'ai rénoncé pour toujours au monde et à ses plaisirs; il ne me reste plus d'autre consolation que votre amitié, et je crains de la perdre. Si je la perds, je frémis, en songeant à l'excès de mon désespoir ».

« Vous craignez de perdre mon amitié, Rosario; c'est, je vous assure une crainte chimérique. Avez-vous vu dans ma conduite quelque chose qui puisse la justifier? sachez mieux me connaître. Confiez-moi, mon enfant, le sujet de vos peines, et croyez que si je puis les adoucir.... »

« Oui, vous le pouvez, mon révérend père; cependant je n'ose vous les faire connaître. Vous me blâmeriez, vous cesseriez peut-être de m'aimer; vous me banniriez peut-être de votre présence ».

« N'écoutez pas ces vaines alarmes; je vous en prie, je vous en conjure ».

« Hélas! mon père, j'aurais à vous révéler des secrets... mais la cloche nous appelle à vêpres; donnez-moi, de grace votre bénédiction, et je vais vous quitter ».

En disant ces mots, Rosario se jetta à genoux, et reçut la bénédiction qu'il demandait. Portant alors la main du prieur à ses lèvres, il se leva et sortit promptement de la cellule. Bientôt après Ambrosio descendit au petit chœur, cherchant inutilement à deviner, d'après le commencement de confidence que lui venait de faire Rosario, quelle pouvait être la cause de ses chagrins, qu'il croyait cependant ne pouvoir attribuer qu'au souvenir mal effacé de quelque passion malheureuse.

Après les vêpres, tous les moines se retirèrent à leurs cellules, le prieur seul resta dans la chapelle, où devait se rendre les religieuses du couvent voisin; il n'attendit pas long-tems. A peine avait-il eu le tems de se placer à son confessional, lorsque l'abbesse de sainte-Claire arriva avec sa suite. Chacune des religieuses fut entendue à son tour; toutes les autres avec l'abbesse attendaient dans la sacristie. Ambrosio écouta attentivement toutes les confessions, fit des remontrances, exhorta, enjoignit des pénitences; tout se passait en un mot, comme il est d'usage, lorsqu'un accident vint tout-à-coup occasionner du trouble parmi le troupeau des pieuses cénobites.

Une des jeunes religieuses, occupée apparemment à considérer la figure du révérend père, laissa tomber par mégarde, à ses pieds, une lettre qu'elle tenait cachée dans son sein. Sa confession finie, elle se retirait, sans s'appercevoir de sa perte. Ambrosio vit le papier, le ramassa, et imaginant que c'était quelque lettre écrite à cette jeune personne par ses parens, il s'empressa de la lui rendre.

« Ma sœur, ma sœur, lui cria-t-il; vous avez laissez tomber quelque chose».

Comme le papier se trouvait en ce moment presque tout-à-fait ouvert dans la main d'Ambrosio, son œil lut involontairement à la lueur d'une lampe qui brûlait près de lui, les deux ou trois premiers mots de la lettre. Il tressaillit d'étonnement. La religieuse s'était retournée à sa voix; elle apperçut sa lettre dans les mains du moine, et poussant un cri d'effroi, elle accourut pour la recevoir.

Arrêtez, lui dit Ambrosio d'un ton sévère; je dois prendre connaissance de cette lettre».

« Quoi! voulez-vous. . . . . . Ah ciel! Je suis perdue!!! s'écria-t-elle douloureusement en joignant ensemble ses deux mains. Pâle et tremblante, elle fut obligée de jetter, pour se soutenir, ses deux bras autour d'un des pilliers qui supportait la voûte de la chapelle, tandis que le prieur lisait la lettre suivante.

« Tout est prêt pour votre évasion, ma chère Agnès. La nuit » prochaine je vous attendrai à mi- » nuit à la porte du jardin dont je » me suis procuré la clef, et quel- » ques heures suffiront pour vous » conduire en lieu de sûreté. Ban- » nissez les vains scrupules; il ne » vous est pas permis de rejetter les » moyens de salut qui vous sont » offerts, pour vous et pour l'inno- » cente créature que vous portez » dans votre sein. Souvenez-vous » que vous avez promis d'être à moi, » long-tems avant l'époque de vos » vœux religieux. Songez que bien- » tôt vous ne pourrez plus cacher » votre état aux yeux pénétrans de » vos compagnes, et que la fuite est

» le seul moyen qui vous reste pour » éviter l'effet de leur malveillance. » Adieu, mon Agnès, ma chère, » mon unique épouse. Ne manquez » pas de vous trouver au jardin de» main à minuit ».

Après avoir lu, Ambrosio jetta sur l'imprudente religieuse, un regard de colère et de mépris.

« Mon devoir m'oblige, dit-il, à remettre cette lettre aux mains de votre abbesse ». Au même instant il se disposa à sortir de la chapelle.

Ces mots furent un coup de foudre pour Agnès. Frappée du danger de sa situation, elle courut après lui, et de toute sa force le retint par sa robe.

« Ambrosio, digne Ambrosio, s'écria-t-elle avec l'accent du désespoir, je me jette à vos pieds; je les baigne de mes larmes Mon père ayez compassion de mà jeunesse; regardez d'un œil indulgent la foiblesse d'une femme ; daignez m'aider à cacher ma faute. Je l'expierai ; j'en ferai pénitence tout le reste de ma vie, et votre bonté aura ramené une ame dans les voies du ciel ».

« Prétendez-vous que je puisse être complaisament le confident du crime ? Souffrirai-je que le couvent de Sainte-Claire devienne un lieu de prostitution ; que l'église du Christ nourrisse dans son sein la honte et la débauche ? Malheureuse ! L'indulgence ici ferait de moi votre complice ; votre crime deviendrait le mien. Vous vous êtes livrée aux coupables désirs d'un séducteur ; vous avez par votre impureté déshonoré le saint habit que vous portez, et osez réclamer ma compassion ! Laissez-moi, cessez de me retenir. Où est madame l'abbesse, ajouta-t-il en élevant la voix » ?

« Mon père, oh ! mon père, écoutez-moi un seul moment. Ne m'aceusez ni d'impureté, ni de débauche, ni de prostitution. Long-tems avant que je prisse le voile, Raymond était maître de mon cœur; il m'inspira la tendresse la plus pure, la plus irréprochable : il était sur le point de devenir mon légitime époux. Je suis coupable d'un seul instant d'égarement, et bientôt je vais devenir mère. O mon père! prenez pitié de l'innocente créature dont l'existence est unie à la mienne. Si vous dévoilez mon imprudence, le plus cruel châtiment est prononcé par les lois de Sainte-Claire contre mes pareilles. Respectable Ambrosio, que la pureté de votre conscience ne vous rende pas insensible aux peines, au repentir d'un être plus faible que vous! Quelqu'autre vertu réparera ma faute. N'exigez pas la perfection dans les autres. Ayez pitié de moi, révérend père, rendez-moi cette lettre, et ne me condamnez pas à un malheur éternel ».

« Tant de hardiesse me confond, reprit Ambrosio. Que je cèle votre crime, moi, chef d'un ordre à jamais respectable! Moi que vous avez trompé par une fausse confession! Non, ma fille, non. Je veux vous rendre un meilleur office; je veux, en dépit de vous-même vous détourner de la voix de perdition. La pénitence et la mortification peuvent encore expier votre offense, et la sévérité sauvera peut-être votre ame. Holà, mère Sainte-Agathe »!

« Mon père, par tout ce qu'il y a de plus sacré, par tout ce qui vous est cher, je vous supplie, je vous conjure » . . . . . .

« Cessez, vous dis-je; je ne vous écoute plus. Où est madame l'abbesse? Mère Sainte-Agathe, où êtes-vous »?

La porte de la sacristie s'ouvrit et la mère Sainte-Agathe parut, suivie de ses religieuses.

« Homme cruel » ! s'écria Agnès, en cessant de le retenir.

Agnès, désolée, se frappa la poitrine, déchira son voile, et se précipita la face contre terre, avec tout le délire du désespoir. Les religieuses en la voyant en cet état, demeurèrent muettes d'étonnement. Le moine présenta à l'abbesse le papier fatal, en l'informant de quelle manière il était tombé dans ses mains : « C'est à vous, ajouta-t-il, a décider quelle peine mérite la coupable ».

A mesure que l'abbesse lisait la lettre, la colère se peignait sur son visage. Un crime de cette nature, commis dans son couvent, et découvert par Ambrosio lui-même, par l'homme le plus respecté de tout Madrid. Quelle idée allait-il se former de la régularité de sa maison. Des paroles auraient mal exprimé la fureur de l'abbesse ; elle gardait le silence, et se contentait de jetter sur la malheureuse Agnès, des regards menaçans.

« Qu'on l'emmène au couvent, dit-elle à quelques-unes de ses religieuses.

Deux des plus anciennes s'approchèrent d'Agnès, la relevèrent de vive force, et se disposèrent à sortir de la chapelle ; mais en ce moment, retrouvant son courage, Agnès se dégage de leurs mains.

« Quoi, s'écria-t-elle avec l'accent de la plus profonde douleur, tout espoir est donc perdu pour moi ! Déjà vous me traînez au supplice ! Oh ! Raymond, Raymond, où êtes-vous » ! Jettant alors sur le moine un regard terrible : « Ecoutez-moi, lui dit-elle, homme vain, orgueilleux, insensible ; écoutez-moi, cœur de fer. Vous auriez pu me me sauver, me rendre au bonheur et à la vertu; vous ne l'avez pas voulu. Vous êtes destructeur de mon ame; vous êtes mon meurtrier, et ma mort et celle de mon enfant retomberont sur votre tête. Insolent dans votre propre vertu, vous avez dédaigné les prières d'un cœur pénitent; mais dieu sera, ce que vous n'avez point été, miséricordieux envers moi. Où est donc le mérite de cette vertu si vantée? Quelles tentations avez-vous surmontées? lâche! vous ne devez votre salut qu'à la fuite; vous ne vîtes jamais en face la séduction. Mais le jour de l'épreuve arrivera; laissez venir les passions impétueuses. Vous sentirez alors que la foiblesse est l'apanage de l'humanité; vous frémirez en jettant un coup d'œil rétrograde sur vos crimes; vous implorez avec terreur la miséricorde de dieu: Hypocrite vous demanderez envain pour vos forfaits l'indulgence que vous me refusez pour une faiblesse. Oh! Pensez à moi dans ce terrible moment; pensez à votre cruauté. Souvenez-vous de la malheureuse Agnès, et désesperez du pardon».

L'énergie avec laquelle elle proféra ces derniers mots, ayant épuisé sa force, elle tomba sans connaissance dans les bras d'une de ses compagnes, qui se trouvait près d'elle. Elle fut à l'instant transportée hors de la chapelle, et suivie par toutes les autres.

Ambrosio n'avait pas écouté ces reproches sans émotion. Une voix secrète lui disait qu'il avait traité cette jeune fille avec trop de sévérité; il retint donc l'abbesse pendant quelques instans.

« La violence de son désespoir, dit-il, prouve au moins qu'elle n'est pas familiarisée avec le vice. Peut-être qu'en y mettant un peu moins de rigueur,.... qu'en mitigeant pour elle la pénitence usitée, l'on pourrait.... ».

« Mitiger, mon père? c'est ce que je ne ferai pas; vous pouvez en être assuré. Les lois de notre ordre sont strictes : elles sont un peu tombées en désuétude; le crime d'Agnès me fait voir la nécessité de les faire revivre. Je vais notifier à toute la communauté mes intentions, et Agnès sentira pleinement la rigueur de ces lois; je prétends m'y conformer à la lettre. Adieu, mon père. ».

En disant ces mots, elle sortit précipitamment de la chapelle.

« J'ai fait mon devoir », dit en lui-même Ambrosio; et après quelques instans passés en méditations, il se rendit au réfectoire où la cloche l'appelait.

APRÈS le souper, Ambrosio, rentre dans sa cellule, regardait par la fenêtre, et cherchait en vain à se distraire de sa dernière avanture. Tous les religieux s'étaient retirés; la soirée était belle; la lune brillait de tout son éclat. Ambrosio se détermina à descendre pour prendre le frais quelques instans dans le jardin. Il n'était pas dans tout Madrid un jardin plus beau ni mieux décoré que celui des Dominicains. On y voyait de grands quarrés des fleurs les plus recherchées, mais si artistement rangées, qu'elles paraissaient n'avoir été plantées que par la main de la nature; des fontaines d'eau vive, coulant dans des bassins de marbre blanc, répandaient au loin une perpétuelle rosée et la plus délicieuse fraîcheur; les murs étaient tapissés de jasmins, de vignes et de chèvre-feuilles; la beauté de la nuit ajoutait encore à celle du lieu; les eaux réfléchissaient l'azur du ciel et les rayons argentés de la lune; un zéphyr léger et frais, portait à travers toutes les allées l'odeur des orangers en fleurs, et l'on entendait d'un bocage voisin le chant du rossignol. C'est vers ce bocage qu'Ambrosio dirigeait ses pas.

Au fond de cet asyle champêtre se trouvait une grotte faite à l'imitation d'un hermitage. Les murs étaient formés d'un tissu de racines d'arbres, de lierre et de mousse; sur chaque côté de la grotte, étaient des sièges de gazon; une cascade naturelle, se précipitant du haut d'un rocher voisin, traversait la grotte vers le milieu. Plongé dans une douce rêverie, le moine s'approcha de ce réduit solitaire; le calme de toute la nature s'était déjà communiqué à son cœur, que pénétrait alors une douce et voluptueuse langueur.

En entrant dans l'hermitage, il

fut étonné de trouver la place déjà prise ; une personne était à demi couchée sur un des bancs, la tête posée sur sa main, dans une attitude mélancolique. Le jacobin reconnut Rosario ; il l'observa en silence et sans entrer. Après quelques instans, le jeune homme leva la tête, et tint ses regards douloureusement fixés sur le mur opposé.

« Oui, dit-il avec un soupir plaintif, je sens tout l'avantage de ta situation. Heureux qui peut penser comme toi ! heureux qui peut, comme toi, ne voir qu'avec dégoût l'espèce humaine, s'ensevelir pour jamais dans quelque solitude impénétrable, et oublier qu'il existe au monde des êtres qui méritent d'être aimés. O Dieu ! que la misanthropie me serait d'un grand secours »

« Voilà de singulières idées, Rosario », dit en entrant le prieur.

« Vous ici, révérend père »,

s'écria le novice. Au même instant il se leva, et se hâta de rabattre son capuchon sur son visage. Le prieur se plaça sur le banc, et obligea Rosario à se rasseoir près de lui.

« Vous ne devez pas vous livrer à ces sombres pensées, lui dit-il. Comment pouvez-vous appeler à votre secours la misanthropie, qui, de tous les sentimens est le plus triste et le plus condamnable » ?

« Connaissez-vous ces vers, révérend père? Je ne les ai lus que depuis hier matin, et déjà je les sais par cœur. Je ne puis vous dissimuler que j'envie les sentimens de celui qui les a faits. Ces vers sont écrits dans un endroit assez obscur de cette grotte, sur une pierre de marbre. Peut-être ne les avez-vous pas remarqués. Voulez-vous que je vous les récite » ?

« Voyons, Rosario ».

Le jeune homme récita de mémoire, et avec un accent mélancolique, les vers suivans.

INSCRIPTION dans un hermitage.

Ici je m'établis. Ce réduit solitaire
Convient à mes chagrins; j'y veux vivre et mourir.
Si quelque jour un homme à mes yeux vient s'offrir,
Il saura que des siens je hais la race entière.
Bravant de ses destins l'inflexible rigueur,
Rosalbe aux coups du sort se soustrait par la fuite.
Je ne veux désormais vivre qu'avec mon cœur.
Adieu, parens, amis ; je vais me faire hermite.

Assez et trop long-tems on m'a vu parmi vous ;
Je vous fais mes adieux sans regrets, sans faiblesse.
Les hommes sont égaux ; ils se ressemblent tous.
Sous le chaume j'ai vu la fraude et la bassesse;
J'ai vu dans vos cités, parmi vos demi-dieux
Le vice triomphant, et la vertu proscrite.
J'ai vu des êtres vils, malfaisans, furieux,

Des hommes! . . . . et bientôt je me suis fait hermite.

Loin du faste des cours, des civiques horreurs,
Je puis vivre en ces lieux sans exciter l'envie;
Gémir sur vos forfaits, déplorer vos erreurs,
Et consacrer à dieu mes soupirs et ma vie.
J'ai retrouvé la paix dans ce désert affreux;
Des fous et des méchans j'y crains peu les poursuites.
Voulez-vous être enfin meilleurs et plus heureux!
Hommes, imitez-moi; faites-vous tous hermites.

« S'il était possible à l'homme, dit le prieur, de se concentrer assez en lui-même, pour conserver, quoique totalement séparé de l'espèce humaine, le contentement dont se vante ici Rosalbe, j'avoue que sa situation serait préférable à celle de l'homme qui vit au milieu de la corruption et des folies mondaines; mais c'est ce qui ne peut jamais arriver. Cette inscription n'a été placée ici que pour l'ornement de la grotte, et les sentimens et l'hermite, tout est également imaginaire. L'homme est né pour la société, et celui-là même qui est le plus détaché du monde, ne peut cependant l'oublier totalement, ni s'accoutumer à en être totalement oublié. Dégoûté des vices et de la sottise des hommes, le mysanthrope s'en sépare; il se fait hermite, il s'ensevelit vivant dans le creux d'un rocher. Tant que son cœur est enflammé par la haine, il peut s'accommoder de sa situation; mais quand son animosité vient à se refroidir, lorsque le temps a pu adoucir ses chagrins et cicatriser ses blessures, croyez-vous que le contentement puisse être encore le compagnon de sa solitude? non, non, Rosario. Cessant d'être soutenu par la violence de sa passion, il sent toute la monotonie de son existence, et son ame reste toute entière en proie à l'ennui. Regardant autour de lui, il se trouve seul dans l'univers; il sent renaître dans son cœur l'amour de la société, il désire de retourner vers ce monde qu'il avait juré de haïr toute sa vie. La nature n'a plus de charmes à ses yeux, parce qu'il n'a près de lui personne qui partage son admiration pour elle. Appuyé contre quelque morceau de rocher, il regarde d'un œil morne la plus belle chûte d'eau; il voit, sans en être ému, la renaissance de la verdure au printems, la douce clarté des astres de la nuit, l'éclat majestueux du soleil levant. Chaque soir, il retourne lentement à sa cellule, où personne n'attend son arrivée, où il ne trouve qu'une nourriture mal-saine et sans saveur, il se jette désespéré sur un lit de mousse, ne goûte qu'un sommeil pénible, et ne s'éveille que pour recommencer une journée aussi triste, aussi monotone que la précédente ».

« Vous m'étonnez, mon père! Quoi! s'il arrivait que les circonstances vous contraignissent à une solitude absolue, vous croyez qu'alors les devoirs de la religion, la conscience d'une vie employée saintement, ne suffirait pas pour communiquer à votre cœur ce calme !... »

« Non, Rosario, je suis convaincu que cet espoir serait illusoire; que toute ma force serait insuffisante pour me sauver de la mélancolie et du dégoût. Si vous saviez quel est mon plaisir, lorsqu'après un jour passé à l'étude, je me retrouve le soir au milieu de mes confrères; lorsqu'après quelques heures de solitude, je revois quelques créatures humaines : et c'est en cela que consiste,

consiste, à mon avis, le principal avantage de nos institutions monastiques ; elles mettent l'homme à l'abri des tentations ; elle lui procurent le loisir nécessaire pour le service de Dieu ; elles lui sauvent l'aspect des vices dont le monde est infecté, sans cependant le priver des avantages les plus précieux de la société. Et vous, Rosario, vous pouvez envier le sort d'un hermite ! vous pouvez vous aveugler ainsi sur le bonheur de votre situation ! Réfléchissez un moment ! Ce couvent est devenu votre asyle ; votre régularité, votre douceur, vos talens, vous ont mérité parmi nous l'estime universelle ; vous êtes séparé du monde que vous faites profession de hair, et cependant vous trouvez habituellement chez nous, la société de plusieurs hommes véritablement estimables ».

« O ! mon père, dit Rosario,

c'est là sur-tout ce qui cause mon tourment ; il eût été plus heureux pour moi d'avoir à vivre avec des méchans, de n'avoir jamais entendu prononcer le nom de vertu. C'est ma vénération profonde pour tout ce qui tient à la religion, c'est la tendre sensibilité de mon ame, qui causent ma peine, et m'entraînent irrésistiblement vers ma perte. Plût au ciel que je n'eusse jamais vu les murs de ce couvent ».

« Je ne vous comprends pas, Rosario : ce n'est pas là ce que vous me disiez tantôt ; vous m'assuriez que mon amitié était pour vous un bien si précieux. Si vous n'eussiez jamais vu les murs de ce couvent, vous n'auriez pu me voir ou du moins me connaître. Est-ce là, Rosario, votre désir » ?

« Mon désir ? s'écria le novice, en se levant et saisissant, avec vivacité, la main du prieur ; non, non, ce n'est pas là mon désir. Et cependant, hélas ! il serait à souhaiter pour moi que je n'eusse jamais vu ni vous ni les murs de ce couvent ».

En disant ses mots, Rosario sortit précitamment de sa grotte. Ambrosio resta à sa place : étonné de la conduite inexprimable de ce jeune homme, il fut tenté de croire que son esprit était dérangé ; cependant la tranquillité de son maintien, son langage, une sorte de liaison qu'on remarquait dans ses idées, démentaient cette conjecture. Après quelques minutes, Rosario rentra, reprit sa place sur le banc et sa première attitude, la tête posée sur une de ses mains, il essuyait de l'autre quelques larmes qui coulaient de ses yeux.

Ambrosio le considérait avec la plus vive compassion. Tous deux gardèrent pendant quelques instans le silence. Un rossignol était venu se placer sur un oranger, devant la porte de l'hermitage. L'oiseau se mit à chanter; au son de sa voix touchante et mélodieuse, Rosario leva la tête et parut l'écouter attentivement. « C'est ainsi, dit-il avec un profond soupir, que ma pauvre sœur, aux derniers jours de sa vie, écoutait le chant du rossignol. L'infortunée Matilde ! elle repose maintenant dans le silence du tombeau, et son cœur n'est plus gros de soupirs ».

« Quoi ! vous auriez une sœur, Rosario »?

« Oui, c'est la vérité; j'avais une sœur. Hélas ! je ne l'ai plus; au printemps de sa vie, elle a succombé sous le poids des chagrins »!

« Et de quelle nature étaient ces chagrins »?

« Il n'exciteront point votre pitié, Ambrosio. Vous ne connaissez pas la force irrésistible des sentimens auxquels son cœur fut en proie. Un amour malheureux fut la cause de son infortune ; la passion la plus pure et la plus vive pour un homme vertueux, pour un homme ou plutôt pour un dieu ! talens, beauté, sagesse, vertu solide, réputation, tout se trouvait réuni dans la personne de Francisque. Le cœur le plus insensible se serait animé en l'approchant ; ma sœur le vit ; elle osa l'aimer ; elle l'aima sans espoir ».

« Si son amour était si bien placé, pourquoi l'aima-t-elle sans espoir » ?

« Avant qu'il l'a connût, mon père, Francisque était déja engagé ; il avait donné sa foi à la plus belle des épouses. Cependant ma sœur continua de l'aimer ; elle aima même son épouse à cause de lui. Un matin, ayant trouvé moyen de s'échapper de la maison paternelle, déguisée sous des habits grossiers, elle alla s'offrir, en qualité de domestique, chez celui qu'elle aimait, et fut acceptée. Continuellement en sa présence, elle s'efforça de gagner son affection; elle y réussit. Les hommes vertueux sont toujours reconnaissans. Bientôt Francisque s'apperçût de ses attentions; il y fut sensible, et distingua Matilde du reste de ses serviteurs ».

« Et vos parens n'ont-ils point fait de recherches pour découvrir ce qu'était devenue leur fille fugitive »?

« Ma sœur s'était elle-même décélé avant qu'ils pussent en avoir des nouvelles. Son amour s'accrut au point qu'il ne lui fut plus possible de le tenir caché. Cependant ce n'était pas la personne de Francisque qu'elle désirait; tous les vœux de ma sœur se bornaient à obtenir une place dans son cœur. Dans un moment d'oubli, elle lui avoua sa tendresse. Quel fut le résultat de cette imprudence? Amant idolâtre de sa femme, et croyant qu'un regard de pitié jeté sur une autre, serait un vol fait à son affection conjugale, il chassa Matilde de sa présence, et lui défendit de jamais reparaître devant lui. Le cœur navré par cet excès de sévérité, ma pauvre sœur mourut dans l'espace de quelques mois.

« Malheureuse fille ! son destin fut assurément trop cruel, et Francisque trop sévère ».

« Le pensez-vous, mon père, s'écria vivement le novice; pensez-vous que Francisque fut trop sévère »?

« Oui, sans doute, je le pense; et j'ai sincèrement pitié de Matilde ».

« Vous, Ambrosio, vous avez pitié de ma sœur ! O mon père, ayez donc aussi pitié de moi ».

« Que voulez-vous dire »?

« Oui, reprit Rosario, d'un ton plus doux, je réclame votre pitié; car mes souffrances sont encore plus vives. Ma sœur avait au moins un ami fidèle, qui compâtissait à ses peines, et ne lui reprochait pas la vivacité de ses sentimens; et moi... je n'ai point d'ami. Le monde entier ne m'offre pas un cœur qui soit sensible à mes tourmens ».

Ambrosio fut touché de ces derniers mots; il prit la main de Rosario, et la pressa tendrement.

« Vous n'avez point d'ami, dites-vous; et qui suis-je donc? Pourquoi refusez-vous de me confier vos secrets, et que pouvez-vous craindre? ma sévérité? je n'en ai jamais fait usage avec vous. La dignité de mon habit? Oubliez que je suis un religieux, votre prieur. Ne voyez en moi, je l'exige, que votre ami, que votre père. Je puis bien prendre avec vous ce dernier titre, car je vous aime comme mon enfant. Votre société me procure plus de plaisir que celle de tout autre; et lorsque je remarque l'étendue de votre esprit et de vos connaissances, je me réjouis, comme le ferait un père en voyant les perfections de son fils. Mettez donc de côté toutes ces craintes, et parlez-moi, enfin, à cœur ouvert ».

« Mais peut-être vous me haïrez, mon père, vous me détesterez, à cause de ma faiblesse. Peut-être ne retirerai-je d'autre fruit de ma confidence, que la perte de votre estime ».

« Comment puis-je vous rassurer? réfléchissez sur ma conduite passée, sur la tendresse que je vous ai toujours témoignée. Vous haïr, Rosario ! cela n'est plus en mon pouvoir. Renoncer à votre société, ce serait me priver moi-même de mon plus grand plaisir. Confiez-moi donc ce qui vous afflige, et je vous jure ici solemnellement... ».

« Eh-bien, jurez-moi, reprit Rosario, que, quelque soit mon secret, vous ne m'obligerez point à sortir de ce couvent, que mon noviciat ne soit expiré ».

« Je vous le jure; et comme notre divin sauveur tiendra la promesse qu'il a faite aux hommes; de même, je tiendrai celle que je vous fais. Expliquez-moi seulement ce mystère, et comptez sur mon indulgence ».

« Je vous obéis. Sachez donc... mais je tremble. Je réclame votre pitié, respectable Ambrosio; ayez égard à la faiblesse de l'humanité. Mon père, continua-t-il, en se jettant aux pieds du moine, et couvrant sa main de baisers, mon père.... je suis une femme ».

Ces mots furent prononcés à basse

voix. Le jacobin tressaillit. Prosternée devant lui, la jeune fille, que nous n'appelerons plus Rosario, semblait attendre en silence la décision de son juge. La surprise d'un côté, la crainte de l'autre, les tinrent quelques instans dans la même attitude : immobiles, ils avaient l'un sur l'autre les yeux fixés, sans proférer une parole. Dès qu'Ambrosio fut un peu revenu de son étonnement, il se hâta de sortir de la grotte, et s'enfuit vers le couvent. La vivacité de son action n'échappa point à la suppliante. Elle se leva précipitamment, courut après lui, l'atteignit, se jetta sur son passage, et embrassa ses genoux. Ambrosio fit de vains efforts pour se dégager.

« Ne me fuyez pas, s'écria-t-elle; ne me livrez pas à mon désespoir. Ecoutez-moi; laissez-moi me justifier à vos yeux. Vous avez plaint le sort de ma sœur; eh bien! Toute son histoire est la mienne. Je suis Matilde, et vous êtes l'homme qu'elle aime ».

Ce second aveu redoubla l'étonnement d'Ambrosio : indécis, embarrassé, il resta comme paralysé, en contemplation devant Matilde, dont le visage était alors découvert. Elle l'obligea de se rasseoir sur un banc du jardin, qui se trouvait près d'eux, et profita de son trouble et de son silence pour continuer son explication.

« Ne croyez pas, Ambrosio, que je sois venue pour subtiliser vos affections, ni pour vous faire enfreindre les engagemens qui vous lient à votre céleste épouse. La religion seule est digne de vous posséder tout entier. Ne croyez pas que l'intention de Matilde soit de vous détourner des sentiers de la vertu. Ce que je sens pour vous est de de l'amour; mais ce n'est pas un amour licentieux. Je soupire après la possession de votre cœur; mais je ne désire point celle de votre personne. Daignez écouter ma justification: dans peu d'instans vous serez convaincu que la sainteté de cet asyle n'est point souillée par ma présence; et que vous pouvez m'accorder votre compassion, sans violer vos engagemens envers Dieu ». Matilde vit sur le visage d'Ambrosio, qu'il l'écoutait avec attention, et même avec intérêt. Elle continua.

« Je sors d'une famille distinguée. Mon père était le chef d'une des plus illustres maisons de. . . . Il s'appliqua à me donner une éducation soignée. Grace à ses leçons, mon entendement acquit une force et une justesse assez peu commune aux personnes de mon sexe. Mon sage instituteur n'a point négligé d'inculquer dans mon ame les principes éternels de la morale; il me fit sentir les beautés de la religion ; il m'apprit à respecter, à adorer les ames pures et vertueuses, et je n'ai que trop bien suivi ses instructions.

« Avec de semblables dispositions, jugez vous-même si j'ai pu voir sans dégoût, les vices, les dissipations et l'ignorance, qui déshonorent notre jeunesse. J'ai rejeté toutes les offres. J'avais conservé mon cœur libre de toute inclination, lorsque le hasard me conduisit un jour à l'église des Dominicains. Oh ! ce jour là, mon ange gardien sommeillait assurément, peu soigneux de remplir sa tâche. C'est ce jour-là que je vous vis pour la première fois. Vous remplacez votre prédécesseur absent par maladie. — Vous devez vous rappeler quel enthousiasme votre discours excita dans tout l'auditoire. Avec quelle avidité j'attendais chacune de vos paroles! J'osais à peine respirer, dans la crainte de perdre une seule syllabe. Je crus voir, tandis que vous parliez, votre tête environnée d'une auréole brillante, et tout votre maintien me retraçait la majesté d'un Dieu. Je me retirai de l'église le cœur plein d'admiration. A compter de ce moment, vous êtes devenu l'idole de mon cœur, l'unique objet de toutes mes pensées. La mélancolie et le désespoir s'emparèrent de moi. Je me séparai de la société, et ma santé alla chaque jour en déclinant. A la fin, ne pouvant plus exister dans cet état de souffrance, je pris le parti d'avoir recours au déguisement sous lequel vous me voyez aujourd'hui. Mon artifice a réussi; conduite ici par un de mes parens, à qui j'avais confié mon secret, je fus reçue dans votre monastère, et je parvins à gagner votre estime.

« Dans cette situation, j'aurais été, mon révérend père, complettement heureuse, si je n'avais craint à chaque instant que quelqu'un ne s'apperçut de mon travestissement. Le plaisir que me causait votre société, était empoisonné par cette idée. Craignant de perdre votre amitié, devenue nécessaire à mon existence, je me suis déterminée à ne pas confier au hasard la découverte de mon sexe ; à vous avouer tout à vous-même, et à me jetter entre les bras de votre miséricorde et de votre indulgence. Serai-je, Ambrosio, trompée dans mon attente ? Non, je ne puis me le persuader. Vous ne voudrez pas me réduire au désespoir. Vous me permettrez de continuer à vous voir, de converser avec vous, de vous adorer. Vos vertus seront la règle de ma vie; et quand nous expirerons, nos corps reposeront du moins dans le même tombeau ».

Tandis que Matilde parlait ainsi, mille sentimens opposés se combattaient dans le cœur d'Ambrosio. La surprise, la confusion, le mécontentement que lui causaient à-la-fois une avanture aussi singulière, une déclaration aussi brusque, une action aussi hardie que celle de Matilde, tels étaient les sentimens dont il pouvait se rendre compte à lui-même; mais quelques autres se tenaient cachés, à son insu, dans le fond de son cœur. Il ne s'apperçut pas que sa vanité était flattée par les éloges que Matilde donnait à son éloquence et à sa vertu; qu'il sentait un secret plaisir à songer qu'une femme jeune, et probablement jolie, avait pour lui abandonné le monde, et sacrifié toute autre passion à celle qu'il lui avait inspirée ; enfin, quoiqu'il sentît fortement la nécessité de s'armer en cette circonstance de toute sa sévérité, il ne s'apperçut pas que son cœur palpitait avec violence, tandis que les doigts d'ivoire de Matilde pressaient doucement sa main.

Lorsqu'il fut un peu remis de son trouble, il jugea qu'il était impossible que Matilde séjournât plus long-temps dans le couvent, après l'aveu qu'elle venait de lui faire. Il prit un air imposant, et retira sa main.

« Avez-vous pu réellement espérer, mademoiselle, que je vous permettrais de rester parmi nous ? En supposant même que je pusse accéder à votre demande, quel avantage en pourriez-vous retirer ? Pensez-vous que je puisse jamais répondre à une affection qui . . . . . » ?

« Non, mon père, non ; je n'espère point vous inspirer un amour semblable au mien. Je ne demande que la liberté de rester près de vous, de passer quelques heures du jour dans votre société ; d'obtenir votre compassion, votre amitié, votre estime : ma demande est-elle déraisonnable » ?

« Mais réfléchissez, segnora, combien il serait contraire à toutes les convenances de souffrir qu'une femme habitât dans notre couvent, et une femme, encore, qui m'avoue qu'elle m'aime ! Cela ne doit pas être. Votre secret pourrait être découvert, et je ne veux point d'ailleurs m'exposer à une aussi dangéreuse tentation ».

« Tentation, dites-vous ? Oubliez que je suis femme, il n'y a plus de tentation à craindre ; ne voyez en moi qu'un ami, qu'un infortuné, dont le bonheur, dont la vie dépendent de votre protection : ne craignez pas que je rappelle jamais à votre souvenir que l'amour le plus ardent, le plus impétueux, m'a portée à déguiser mon sexe, ou que, pressée par l'aiguillon de quelques coupables désirs, oubliant, et mon honneur, et les vœux qui vous lient, je cherche jamais à vous détourner des sentiers de l'honnêteté. Non, Ambrosio, sachez mieux me connaître, je vous aime pour vos vertus; perdez-les, et vous perdrez avec elles mon affection. Je vous regarde comme un saint; prouvez-moi que vous n'êtes qu'un homme, et je vous quitte avec dégoût : et c'est moi que vous regardez comme une tentatrice! Moi, qui ne vois qu'avec mépris les vains plaisirs de ce monde! Moi, dont l'attachement pour vous n'est fondé que sur l'idée que j'ai conçue de votre incorruptibilité! Oh! banissez ces injustes craintes; ayez meilleure opinion de vous-même et de moi ; je suis incapable de chercher a vous séduire, et votre vertu est sans doute établie sur une base trop solide, pour être jamais ébranlée par des désirs vagues et sans objet. Ambrosio, cher Ambrosio, ne me banissez point de votre présence; ressouvenez-vous de votre promesse, et autorisez-moi à rester près de vous ».

« Impossible, Matilde; votre intérêt même m'ordonne de vous refuser ; car c'est pour vous que je crains, plus encore que pour moi. Après avoir surmonté les mouvemens impétueux de la jeunesse; passé trente ans dans les mortifications et la pénitence, je pourrais en toute sûreté vous permettre de rester, et je ne crains pas que vous m'inspiriez jamais d'autres sentimens que celui de la compassion; mais un plus long séjour en ce lieu, ne peut avoir pour vous que des suites fâcheuses.

Vous donnerez à chacune de mes paroles et de mes actions une fausse interprétation; vous saisirez avidement tout ce qui pourra nourrir en vous l'espérance de voir votre amour payé de retour: insensiblement votre passion deviendra plus forte que votre raison, et ma présence au lieu de la calmer, ne fera que l'irriter encore. Croyez-moi, malheureuse femme, vous m'inspirez une compassion sincère. Je suis convaincu que vous n'avez agi jusqu'à présent que d'après les motifs les plus purs; mais si l'on peut vous pardonner d'être aveugle sur l'imprudence de votre conduite, on ne me pardonnerait jamais, je ne pourrais me pardonner à moi-même, si je négligeais de vous ouvrir les yeux. Mon devoir m'oblige à vous traiter avec rigueur; je dois rejetter votre prière, je dois détruire toute espérance qui servirait à nourrir des sentimens si pernicieux à votre repos ; Matilde, vous sortirez du couvent de main matin ».

« Demain, Ambrosio, demain ! Oh ! ce n'est pas là sans doute votre dernière résolution ; vous n'aurez pas cet excès de cruauté ».

« Vous avez entendu ma décision, préparez-vous à vous y conformer ; les loïs de notre ordre sont rigoureuses. Cacher une femme dans l'enceinte de ces murs, ce serait un parjure ; mes vœux m'obligent à révéler toute votre histoire à la communauté. J'ai pitié de votre sort, Matilde ; c'est tout ce vous devez attendre de moi ».

Il prononça ces deniers mots d'une voix faible et tremblante : alors se levant brusquement, il s'achemina vers le monastère. Matilde poussa un cri douloureux, le suivit et l'arrêta.

« Encore un moment, Ambrosio, laissez-moi vous dire une parole ».

« Je ne veux rien entendre ; cessez de me retenir, vous connaissez ma résolution ».

« Un mot, un dernier mot »!

« Laissez-moi, vos instances sont vaines ; vous sortirez d'ici demain matin ».

« Eh bien! allez barbare! Je ne vous retiens plus ; mais il me restera du moins cette ressource ».

En disant ces mots, elle tira de dessous sa robe un poignard, écarta ses vêtemens, et tint la pointe du stilet placée sur sa poitrine.

« Mon père, je ne sortirai pas vivante de cette enceinte ».

« Matilde, que faites-vous »?

« Si votre résolution est prise, j'ai pris aussi la mienne. Au moment où l'on me séparera de vous, je me plonge ce poignard dans le cœur.

« Par saint Dominique, Matilde, êtes-vous en votre bon sens? Connaisseznaissez-vous les conséquences de votre action? Savez-vous que le suicide est le plus grand de tous les crimes? Voulez-vous donc perdre votre ame, anéantir pour vous tout espoir de salut, vous condamner vous-même à d'éternels tourmens »?

« Je sais tout cela, reprit-elle, d'un ton passionné; il dépend de vous de me sauver ou de me perdre. Parlez, Ambrosio, dites-moi que vous tiendrez mon avanture secrète; que je puis rester ici votre amie et votre compagne : autrement, vous allez à l'instant même voir couler mon sang».

En proférant ces mots, Matilde leva le bras lentement, et fit un mouvement comme pour se poignarder. Le moine suivit de l'œil le circuit que parcourut le poignard. Les vêtemens de Matilde étaient écartés! Sa gorge était à demi-découverte..... Et quelle gorge, grand dieu! La pointe du stilet alla se placer sur le sein gauche, dont le jacobin à l'aide des rayons brillans de la lune, put observer la blancheur éblouissante; son œil resta fixé, avec une insatiable avidité, sur le plus beau demi-globe que la nature ait jamais produit. Une sensation jusqu'alors inconnue, remplit son cœur d'un mélange d'inquiétude et de plaisir; un feu dévorant circula rapidement dans toutes ses veines et mille désirs troublerent son imagination en agitant son sein.

« Je ne résiste plus, s'écria-t-il d'une voix sanglottante : restez enchanteresse, restez pour ma destruction ».

Dès qu'il eut dit ces mots, il s'enfuit à toutes jambes vers le monastère, regagna sa cellule, et se jetta sur son lit, honteux, agité, presque fou.

Il lui fut, pendant quelque tems, impossible de débrouiller le chaos de ses idées et de ses sentimens. A quelle résolution devait-il s'arrêter? Quelle conduite devait-il tenir avec celle qui venait ainsi troubler son repos? La prudence, la religion, la convenance, exigeaient qu'elle sortît du couvent; mais, d'un autre côté, la vanité du moine était extraordinairement flattée, tant par la conduite que par les insinuations de Matilde; il se rappellait les agrémens qu'il avait trouvés dans la société de Rosario; il craignait que l'absence de son jeune ami ne laissât un vide douloureux dans son cœur, et la richesse de ce novice pouvait d'ailleurs être une utile ressource pour son couvent. «Et que puis-je risquer, se dit-il à lui-même, en lui permettant de rester? N'ai-je pas tout lieu d'ajouter fois à ses assertions? Ne me sera-t-il pas aisé d'oublier son sexe, et de ne voir en elle que mon ami, que mon disciple? Son amour est assurément aussi pur que désintéressé. S'il n'était le produit que d'une ardeur licencieuse, aurait-elle pu le cacher si long-tems? N'aurait-elle pas cherché, dès les premiers instans, quelques moyens de satisfaire sa passion? Elle a fait tout le contraire, elle m'a soigneusement fait mystère de son sexe. La crainte d'être reconnue et mes propres instances ont pu seules lui arracher son secret; elle a assisté aussi assidument que moi-même à tous nos exercices de religion; elle n'a fait aucune tentative pour exciter mes passions endormies, et jusqu'à ce jour elle n'avait pas prononcé une seule fois en ma présence le mot d'amour. Si elle eût eu l'intention de gagner mon affection sans mon estime, aurait-elle pris si grand soin de me cacher ses charmes? Jusqu'à ce moment elle ne m'avait pas laissé appercevoir son visage; cependant sa figure doit être charmante, aussi bien que toute sa personne, et j'en puis juger par.... par ce que j'en ai vu ».

Cette dernière idée lorsqu'elle se présenta à l'imagination du moine, lui fit monter le rouge au visage. Alarmé de ses propres sensations, il se leva brusquement, résolu de se mettre en prière, et se prosterna devant sa jolie madone, la priant avec ardeur de lui aider à étouffer de si coupables émotions. Sa prière finie, il retourna au lit, et parvint à s'endormir.

Le lendemain matin, il s'éveilla brûlant et agité. Il n'avait vu en songe que des objets voluptueux : tantôt c'était Matilde qui se présentait devant lui; il revoyait son demi-sein nud; elle lui répétait l'assurance d'un éternel amour, lui jettait ses beaux bras autour du col, et le couvrait de baisers; le moine alors lui rendait caresse pour caresse, la serrait passionnément contre son sein, et la vision disparaissait : tantôt c'était l'image de sa madone favorite. Ambrosio, dans son rêve, se prosternait devant elle et lui adressait ses vœux. Il lui sembla une fois, que les yeux du portrait le regardaient avec une inexprimable douceur. Il pressa de ses lèvres brûlantes celles de l'image. O prodige ! il trouva que ces lèvres étaient animées. Bientôt une figure charmante sortit du cannevas, s'agrandit, l'embrassa tendrement, et la vision disparut. Tels furent, pendant cette nuit entière, les songes d'Ambrosio.

Il se leva, se promena dans sa cellule, honteux à la fois de ses songes, et des évènemens de la veille, auxquels il les attribuait. Après quelques instans de promenade, le nuage qui obscurcissait son jugement se dissipa par dégrés, et ses idées prirent un autre cours. Il vit clairement l'illusion qu'il s'était faite à lui-même ; il sentit que ses raisons n'étaient que les sophismes dangereux de l'amour-propre, de la flatterie et de la cupidité. « Si une heure de conversation avec Matilde, se dit-il à lui-même, a produit en moi un changement aussi remarquable, que n'ai-je pas à craindre de la prolongation de son séjour en ce lieu » ? Frappé du danger de sa situation, revenu de ses idées présomptueuses, il résolut d'insister sur le départ immédiat de Matilde. Il commença à reconnaître qu'il pouvait être tenté comme un autre homme, et qu'en supposant même qu'elle restât constamment avec lui, dans les bornes de la plus scrupuleuse modestie, il était peut-être trop faible pour résister constamment au choc de ces passions dont il avait osé se croire exempt.

« Agnès, Agnès, s'écria-t-il, je sens déjà l'effet de ta malédiction ».

Ambrosio sortit de sa cellule, bien résolu de renvoyer, sans délai, le soi-disant Rosario, et se rendit à matines. Il récita l'office ordinaire, sans y donner la plus légère attention; son cœur et sa tête étaient remplis d'objets qui ne s'allient point avec le service divin. L'office fini, il descendit au jardin et dirigea ses pas vers la grotte; ne doutant pas que Matilde ne vînt bientôt l'y chercher; il ne fut pas trompé dans son attente, elle entra dans l'hermitage presqu'aussitôt que lui, et l'aborda d'un air timide. Après quelques instans d'embarras, pendant lesquels Matilde paraissait vouloir parler et ne parlait point, le prieur, qui craignait secrètement d'entendre sa voix, recueillant tout l'effort de résolution dont il était capable, prit un air de fermeté, qui n'offrait pourtant rien d'extraordinairement sévère.

« Asseyez-vous ici près de moi, Matilde, lui dit-il, écoutez-moi patiemment, et croyez que ce que je vais vous dire a pour objet votre intérêt plus encore que le mien. Soyez persuadée, que je sens pour vous l'amitié la plus vive, et que c'est avec la plus sincère affliction, que je me vois forcé de vous déclarer que nous devons décidément cesser de nous voir ».

« Ambrosio ! » s'écria-t-elle, d'un ton qui exprima la surprise et le chagrin.

« Calmez-vous, mon ami, mon cher Rosario, car je veux encore vous donner ce nom qui m'est si cher. Notre séparation est nécessaire; je rougis de vous avouer combien j'en souffre d'avance, mais il faut nous quitter. Je ne me sens pas capable de vous traiter avec indifférence, et c'est ce qui m'oblige à insister sur votre départ. Matilde, vous ne pouvez rester ici plus long-tems ».

« Où donc, à présent, chercherai-je la bonne-foi ? Dans quels lieux se cache la vérité, dégoûtée d'un monde faux et trompeur ? Mon père, je me flattais qu'elle s'était fixée dans ce cloître, je croyais que votre cœur était son plus cher asyle ! Et vous aussi, vous vous montrez perfide ! Juste ciel, et vous aussi vous pouvez me trahir » ! — « Matilde » ! « Oui, mon père, oui, j'ai droit de vous faire ces reproches. Où sont vos promesses ? Mon noviciat n'est pas encore expiré, et, cependant, vous voulez me forcer à quitter le monastère : pouvez-vous avoir le cœur de m'arracher d'auprès de vous, et ne m'avez-vous pas sommellement juré le contraire »?

« Non, je ne veux point vous forcer à quitter ces lieux, et je me souviens de mes sermens ; mais quand j'implore votre générosité, quand je vous fais connaître les embarras où me jette votre présence, vous-même, ne me dégagerez-vous pas de ces mêmes sermens ? A chaque instant on peut découvrir qui vous êtes. Pensez aux suites d'un pareil éclat ; voyez de quel opprobre il me couvrirait. Songez que mon honneur et ma réputation sont entre vos mains, et que le repos de ma vie dépend de votre complaisance, de votre promptitude à vous éloigner. Mon cœur est encore libre, je puis me séparer de vous, non pas sans regrets, mais sans désespoir. Si vous restez encore quelque tems, c'en est fait, tout mon bonheur sera sacrifié à vos charmes; vous n'êtes que trop aimable ! je finirais par vous aimer, par vous idolâtrer. Mon sein serait en proie à mille désirs, que l'honneur et ma profession ne me permettent pas de satisfaire. Si j'y résiste, mes efforts et mes combats auront bientôt altéré ma raison; si j'y succombe, j'immolerai aux plaisirs d'un moment, à des plaisirs coupables, ma réputation dans ce monde, et mon salut dans l'autre. C'est à vous que j'ai recours pour me défendre contre moi-même. Ne permettez pas que je perde la récompense de trente années de souffrances et de travaux ! Empêchez-moi de devenir bientôt la victime des remords. Votre cœur a déjà senti les tourmens de l'amour sans espérance ! Ah ! si réellement je vous suis cher, épargnez-moi vous-même ces tourmens. Rendez-moi

moi ma promesse ; fuyez loin de ces murs. Partez, et vous emporterez avec mes plus ardentes prières pour votre bonheur, mon amitié, mon estime et mon admiration ; restez, et vous devenez pour moi une source de dangers, de souffrances et de désespoir. Répondez-moi, Matilde; qu'elle est votre décision » ? Matilde garda le silence. « Ne parlerez-vous pas, Matilde ; ne me direz-vous pas quel parti vous choisissez » ?

« Cruel ! cruel ! s'écria-t-elle, avec l'accent de la douleur et en se tordant les mains, vous savez trop bien que vous ne me laissez pas la liberté de choisir. Vous savez trop bien que je ne puis avoir d'autre volonté que la vôtre ». — « Je ne m'étais donc pas trompé, la générosité de Matilde répond à mon attente ».

« Oui, je vous prouverai la vérité de mon affection, en me soumettant à un arrêt qui me perce le cœur. Reprenez votre promesse, je quitterai le monastère aujourd'hui même ; j'ai une parente abbesse dans l'Estramadoure ; c'est auprès d'elle que j'irai, c'est dans son couvent que je me séparerai du monde pour jamais. Mais, dites-moi, mon père, emporterai-je vos vœux dans ma solitude ? Détournerez-vous quelquefois votre attention des objets célestes pour m'accorder une pensée » ?

« Ah ! Matilde, je crains de penser à vous trop souvent pour mon repos » !

« Je n'ai donc plus rien à désirer à présent, que de pouvoir nous retrouver dans le ciel. Adieu, mon ami, mon cher Ambrosio ! Il me semble, pourtant, que j'aurais quelques plaisir à emporter avec moi une preuve de votre amitié ».

« Quelle preuve puis-je vous donner » ?

« Quelque chose, n'importe quoi ;

une de ces fleurs me suffirait (et du doigt elle lui montra un buisson de roses, planté à la porte de la grotte); je la cacherai dans mon sein, et après ma mort, les religieuses de l'Estramadoure la trouveront séchée sur mon cœur ».

Le jacobin n'eut pas la force de répondre; d'un pas lent et le cœur navré de douleur, il sortit de l'hermitage, s'approcha du buisson, et s'arrêta pour cueillir une rose. Soudain il jette un cri perçant, recule plein d'effroi, et laisse tomber de sa main la fleur qu'il tenait déjà. Matilde entend ce cri, et accourt à lui avec inquiétude.

« Qu'y a-t-il? s'écria-t-elle, répondez-moi pour l'amour de Dieu. Qu'est-il arrivé »?

« J'ai reçu la mort, dit le moine d'une voix faible; caché parmi les roses.... un serpent.... ».

La douleur causée par la piqûre

devint si vive, qu'il ne put la supporter; ses sens l'abandonnèrent, et il tomba inanimé dans les bras de Matilde.

L'affliction de son amante ne peut s'exprimer. Elle arrachait ses cheveux, se frappait le sein; et n'osant quitter Ambrosio, elle appelait, à grands cris, le secours des moines. A la fin, ses cris furent entendus. Quelques frères se hâtèrent d'accourir; le prieur fut transporté chez lui et mis au lit. Le moine qui faisait l'office de chirurgien dans la communauté, se prépara à sonder la blessure. Déjà la main d'Ambrosio était prodigieusement enflée. Les remèdes lui avaient rendu la vie, mais non pas la connaissance; il était dans les agitations du délire le plus violent, et quatre des plus forts moines, pouvaient à peine le retenir dans son lit.

Le père Pablos (c'était le nom

du chirurgien), se hâta d'examiner l'état de la main. Les moines entouraient le lit, en attendant, avec inquiétude, la décision de Pablos ; parmi eux, le feint Rosario ne se montrait pas le moins sensible ; ses yeux, remplis de douleur, ne quittaient pas le malade, et les gémissemens qui lui échappaient sans cesse, prouvaient suffisamment la violence de son affliction.

Père Pablos sonda la blessure, et en retirant sa lancette, il la vit teinte d'une couleur verdâtre. Il secoua la tête avec chagrin, et s'éloignant du lit : « Voilà ce que je craignais, dit-il, il n'y a point d'espérance ». — « Point d'espérance, s'écrièrent tous les moines ; vous dites qu'il n'y a point d'espérance » ! — « D'après les soudains effets de cette piqûre, je soupçonnais que notre prieur avait été blessé par un mille-pieds. Le venin que vous voyez à la pointe de ma lancette confirme mon idée, il ne peut vivre trois jours ».

« Et, ne peut-on trouver aucun remède » ? demanda Rosario.

« Sans exprimer le poison, il est impossible de lui rendre la vie, et comment exprimer ce poison, c'est ce que j'ignore. Tout ce que je puis faire, c'est d'appliquer des herbes pour diminuer les souffrances. Le malade recouvrera ses sens; mais le venin corrompra toute la masse du sang, et dans trois jours le père Ambrosio ne sera plus ».

Cet arrêt pénétra de douleur tous les assistans. Pablos, comme il venait de le promettre, pansa la main, et se retira, suivi de tous ses compagnons. Rosario seul resta dans la cellule, ayant obtenu, à force de prières, que le prieur fût confié à ses soins. La violence du délire avait épuisé les forces du père Ambrosio, et il venait de tomber dans un accablement si profond, qu'à peine donnait-il quelques signes de vie; il était encore dans cet état, lorsque les moines, après quelques heures, revinrent pour savoir s'il y avait du changement. Pablos défit l'appareil, plus par curiosité, que par la moindre espérance de découvrir quelque symptôme favorable. Quelle fut sa surprise, en voyant que l'inflammation s'était entièrement dissipée! Il sonda de nouveau la blessure, et la pointe de la lancette en sortit pure; la main n'offrait plus de traces de poison, et sans la marque de la sonde, Pablos aurait à peine retrouvé la place du mal.

Il informa ses frères de ce changement inespéré; leur joie fut grande, et leur surprise ne le fut pas moins. Mais ils cessèrent bientôt de s'étonner de cet évènement, en lui donnant une explication conforme à leurs idées. Persuadés depuis long-tems que leur prieur était un saint, ils trouvèrent très-naturel que saint Dominique eût opéré un miracle en sa faveur. Cette opinion fut adoptée unanimement; ils crièrent au miracle, et crièrent si haut, que le père Ambrosio s'éveilla. Aussitôt les moines entourèrent son lit, et lui exprimèrent toute leur joie de cette guérison miraculeuse. Il était entièrement revenu à lui, et, de ses douleurs, il ne lui restait qu'un sentiment de faiblesse et de langueur. Pablos lui donna une potion restaurante, et lui conseilla de garder le lit pendant deux jours; il se retira ensuite, en le priant de ne point parler, de crainte qu'il ne s'épuisât d'avantage, et de tâcher de prendre quelque repos. Les autres frères suivirent Pablos, et laissèrent Rosario seul avec le prieur.

Pendant quelques minutes, Ambrosio considéra son aimable garde avec des yeux où se peignaient tout à la fois le plaisir et la crainte. Elle était assise près de lui, la tête penchée, et comme à l'ordinaire, enveloppée dans son capuchon.

« Vous êtes toujours ici, Matilde? dit enfin le moine. N'êtes-vous pas contente de m'avoir conduit si près du tombeau, qu'il a fallu un miracle pour me sauver la vie? Ah! sûrement, le ciel avait envoyé ce serpent pour punir.... ».

Matilde l'interrompit, en mettant ses doigts sur les lèvres d'Ambrosio, d'un air de gaîté.

« Silence, mon père, silence! il vous est prescrit de vous taire ».

« Celui qui m'a prescrit cet ordre, ne savait pas de quel intéressant sujet j'avais à vous parler ».

« Mais je le sais, moi, et je vous réitère le même commandement.

On m'a chargée d'être votre garde, et vous ne devez pas me désobéir ».

« Vous êtes bien joyeuse, Matilde».

« Comment ne le serais-je pas? je viens de goûter un plaisir au-dessus de tout ce que j'ai jamais senti ».

« Quel plaisir » ?

« Je dois le cacher à tout le monde, et sur-tout à vous ».

« Et sur-tout à moi ! Non, non, Matilde, je vous en conjure ».

« Paix donc, vous ne devez pas parler; mais comme vous me semblez peu disposé à dormir, je vais tâcher de vous distraire avec ma harpe ».

« Comment ! vous savez la musique; vous ne me l'aviez pas dit ».

« Oh ! je ne suis qu'une écolière. Mais comme le silence vous est prescrit pour quarante-huit heures, peut-être parviendrai-je à vous récréer un peu, quand vos méditations vous auront fatigué. Je vais chercher ma harpe ».

Elle revint bientôt. « A présent, mon père, que chanterai-je? Voulez-vous entendre la ballade du galant Durandarte, qui mourut à la bataille de Roncevaux »?

« Tout ce qu'il vous plaira, Matilde ».

« Oh ! ne m'appelez point Matilde. Appelez-moi Rosario : appelez-moi votre ami. Voilà les noms que j'aime à entendre de votre bouche. Ecoutez maintenant ».

Elle s'assit devant sa harpe, et après avoir préludé quelques instans avec un goût exquis, et qui prouvait un talent consommé, elle joua un air tendre et plaintif. Ambrosio qui l'écoutait, sentit son accablement se dissiper, et une mélancolie douce et bien moins fatigante, se répandre dans ses esprits. Tout-à-coup Matilde changa de mouvement,

D'une main hardie et rapide, elle fait entendre des sons belliqueux, et chante la ballade suivante, sur un air à-la-fois simple et touchant.

DURANDARTE ET BELERMA,

RÉCITATIF.

PLAINE de Roncevaux, funeste à des guerriers
Plus braves que les fils et de Rome et de Sparte,
Tu vis périr l'honneur des chevaliers,
Le courageux et galant Durandarte!
En mourant, ce jeune héros
Fit entendre ces derniers mots:

Vous que j'adorai si long-tems;
Vous, hélas! que pendant sept ans
Mes soins n'avaient pas attendrie,
Belerma, quel cruel destin!
Votre cœur se rendait enfin,
Vous m'aimez ..... et je perds la vie!

Qu'il est horrible ce trépas!
Belerma, je ne pleure pas
Ma carrière trop-tôt finie,
Où mes honneur, ou mon printems.....
Vous seule, en ces tristes instans
Me faites regretter la vie!

Toi,

Toi, le plus cher de mes parens,
A qui, dès mes plus jeunes ans,
Mon ame fut toujours unie!
Ah! je t'entends et je te voi!
Montésinos! auprès de toi
J'aurais, du moins, fini ma vie!

Aujourd'hui même à Bélerma
Porte mon cœur.... Dis-lui voilà
L'autel où vous futes chérie.
Votre sourire ou vos dédains
Causèrent seuls tous les chagrins
Et tous les plaisir de sa vie.

Tendre ami, reçois mes adieux.
Un voile s'étend sur mes yeux,
Et la voix même m'est ravie!
De l'amour et de l'amitié
Que les prières ..... la pitié
Me suivent dans une autre vie.

C'en est fait; le héros n'est plus.
O vous! ô regrets superflus!
Son cousin l'embrasse, et s'écrie;
« Maures, désormais respirez!
» Vous, chrétiens, désormais pleurez!
» Durandarte a perdu la vie.

» Nul ne l'égalera jamais.
» Fier aux combats, et dans la paix

» Aussi doux que sa douce amie. . . . .
» Pourquoi suis-je seul échappé?
» Pourquoi la main qui t'a frappé
» M'a-t-elle donc laissé la vie »?

Il saisit son cœur en tremblant,
Puis, il forme à ce corps sanglant
Une tombe de fleurs garnie.
Gloire à l'honneur des chevaliers !
Couvrons de pleurs et de lauriers
Sa mort aussi bien que sa vie.

Tandis qu'elle chantait, le père l'écoutait avec délices. Jamais on n'avait entendu une voix plus mélodieuse; il s'étonnait que des sons si divins pussent ne pas appartenir aux anges. Mais tout en se livrant au plaisir d'entendre, un simple regard le convainquit bientôt qu'il ne devait pas de même se livrer au plaisir de voir. L'aimable chanteuse était assise à quelque distance du lit, panchée sur sa harpe; son attitude était remplie d'aisance et de graces: son capuchon, moins avancé qu'à l'ordinaire, laissait appercevoir deux lèvres de corail, appétissantes et fraîches comme la rose, et un menton dont la fossète semblait recéler mille amours; les longues manches de son habit auraient pu traîner sur les cordes de la harpe; pour prévenir cet inconvénient, elle les avait retroussées jusqu'au dessus du coude, et l'on voyait un bras dont la peau lice et fine égalait la neige en blancheur. Ambrosio n'osa la regarder qu'une fois; mais ce regard suffit pour lui apprendre de quel danger était pour lui la présence de cet objet. Il ferma les yeux; mais en vain il voulait l'éloigner de ses idées, toujours elle se représentait à lui, belle de tous ses charmes et de mille autres, que lui présentait son imagination enflammée. Les appas qu'il avait vus, il se les retraçait pour les embellir encore. Ceux qui étaient restés cachés, son esprit les lui peignait mille fois plus ravissans; mais ses vœux et la nécessité d'y être fidèle, n'étaient pas moins présens à sa mémoire. Il combattait ses désirs, et frémissait en voyant la profondeur de l'abîme ouvert devant lui.

Matilde cessa de chanter; le père craignant l'effet de ses charmes, resta les yeux fermés, adressant à saint Dominique des prières ardentes pour obtenir son secours dans cette malheureuse épreuve. Matilde crut qu'il dormait : elle se leva doucement, s'approcha du lit, et pendant quelques minutes le considéra attentivement.

« Il dort, enfin ! dit-elle, à voix basse (mais Ambrosio ne perdit aucun mot); je puis donc, à présent, le regarder, sans me reprocher ce plaisir. Je puis mêler mon haleine avec la sienne; je puis contempler chacun de ses traits que j'adore, sans qu'il m'accuse de vouloir l'égarer. Il craint que je le séduise, que je ne lui fasse violer ses vœux. Oh, quelle injuste crainte! si j'avais pour but d'allumer ses désirs, prendrais-je tant de soins pour lui cacher mon visage, mes mains, mes bras, toute ma personne »....?

Elle s'arrêta, comme perdue dans ses réflexions.

« Hier encore, reprit-elle, hier encore, je lui étais chère; il m'estimait, et mon cœur était content. A présent, hélas! à présent, que ma situation est cruellement changée! Il me regarde avec défiance; il m'ordonne de le quitter, de le quitter pour jamais. Oh! vous, mon idole, vous qui êtes dans mon ame, à côté de Dieu même, encore deux jours, et vous connaîtrez mon cœur tout entier. Que n'avez-vous pu voir qu'elles étaient mes angoisses, quand on désespérait de vos jours! Que n'avez-vous pú voir combien vos souffrances avaient augmenté ma tendresse ! Mais, le moment approche où vous serez convaincu que ma passion était pure et désintéressée. Alors vous me plaindrez, et vous supporterez seul tout le poids de ces cruels chagrins ».

En parlant ainsi, ses pleurs coulèrent en abondance : et comme elle était penchée sur Ambrosio, une larme lui tomba sur la joue. « O ciel ! si j'avais interrompu son sommeil », s'écria Matilde, en s'éloignant avec autant de précipitation que de crainte.

Sa crainte n'était pas fondée. Les dormeurs les plus opiniâtres sont ceux qui ne veulent pas s'éveiller, et tel était le père : il paraissait toujours enseveli dans un repos, dont chaque instant le rendait moins capable de jouir. Cette larme brûlante avait porté un nouveau feu dans son cœur.

« Quelle affection, quelle pureté, se disait-il à lui-même. Ah! puisque mon ame est si sensible à l'amitié, que serait-ce donc si elle était agitée par l'amour ».

Matilde s'était retirée à quelque distance du lit. Le moine se hasarda d'ouvrir les yeux et de les porter sur elle en tremblant; elle avait le visage tourné de l'autre côté; sa tête était languissamment appuyée sur sa harpe; ses yeux fixés sur le tableau qui faisait face au lit du père.

« Heureuse, heureuse image! disait-elle, en s'adressant à la belle madone, c'est à vous qu'il offre ses prières, c'est vous qu'il contemple avec admiration. Je me flattais que vous adouciriez mes peines, et vous n'avez servi qu'à les augmenter; vous m'avez fait sentir que, si j'avais connu Ambrosio avant que ses vœux fussent prononcés, Ambrosio et le bonheur auraient pu être mon partage; avec quel plaisir il regarde cette peinture! Avec quelle ferveur il présente ses hommages à ce portrait inanimé! Ah! si ses sentimens lui étaient inspirés par quelque bon et secret génie, favorable à mon amour! Si c'était l'instinct de la nature qui lui dit tout bas...... Taisez-vous, folles et vaines espérances; n'encouragez pas une idée qui ternirait tout l'éclat des vertus d'Ambrosio. C'est la religion, et non la beauté, qui attire son admiration; ce n'est pas devant la femme, c'est devant la divinité qu'il fléchit le genou. Oh! si seulement il m'adressait une des tendres expressions qu'il prodigue à cette Madone! S'il me disait que, sans le mariage qui le lie à l'église, il n'aurait pas méprisé

Matilde ! J'aime à nourrir cette idée : peut-être pourra-t-il avouer aussi qu'il sent pour moi plus que de la pitié, et qu'une affection telle que la mienne aurait mérité du retour. Peut-être daignera-t-il faire cet aveu quand il me verra sur mon lit de mort ; il ne craindra plus alors de manquer à ses devoirs, et la certitude de ses sentimens pour moi, adoucira mes derniers momens. Que n'en suis-je sûre ! Avec quelle ardeur, je désirerais l'instant de ma dissolution » !

Le prieur ne perdit pas une syllabe de ce discours ; le ton dont ces derniers mots furent prononcés, lui percèrent le cœur, et soulevant sa tête involontairement, « Matilde ! s'écria-t-il d'une voix troublée ; oh ma chère Matilde » !

Matilde tressaillit et se tourna vers lui. La promptitude de son mouvement fit tomber son capuchon. Sa tête resta découverte, et son visage entièrement visible aux yeux du moine. Quelle fut la surprise d'Ambrosio, en y voyant une ressemblance parfaite avec la madone qu'il admirait! Les mêmes proportions exquises dans les traits, la même profusion de cheveux dorés, les yeux célestes, les lèvres de rose, la grace, la majesté, tous les mêmes charmes brillaient dans Matilde! Il jetta un cri d'étonnement et retomba sur son oreiller, doutant si l'objet qu'il voyait était une mortelle ou une divinité.

Matilde parut pénétrée de confusion, elle resta sans mouvement à la place où elle était; sa harpe lui servait d'appui. Ses yeux étaient baissés vers la terre, et ses belles joues couvertes d'une douce pudeur. En revenant à elle, son premier soin fut de cacher son visage; ensuite d'une voix faible et tremblante, elle adressa au jacobin ces paroles :

« Le hazard vient de vous apprendre un secret que je n'aurais osé vous dévoiler qu'à l'instant de ma mort. Oui, Ambrosio, vous voyez dans Matilde l'original de votre madone bien aimée. Dès que cette malheureuse passion se fut allumée dans mon cœur, je formai le dessein de vous faire parvenir mon portrait. Le nombre de mes adorateurs m'avait persuadée que je possédais quelque beauté, et je brûlais de savoir quel serait son effet sur vous. Je me fis peindre par Martin Galuppi, célèbre vénitien, actuellement résident à Madrid. La ressemblance était frappante. J'envoyai son ouvrage à votre monastère comme un tableau qu'on voulait vendre, et le juif qui le porta était un de mes émissaires. Vous achetâtes ce portrait. Jugez de mes transports de joie, quand je sus que vous l'aviez considéré avec délices, ou plutôt avec adoration; que vous l'aviez placé dans votre cellule, et que vous n'adressiez vos prières à aucun autre saint! Ce que vous venez d'apprendre, pourrait-il augmenter votre défiance à mon égard? N'y voyez-vous pas, au contraire, une preuve de la pureté de mon affection, un motif puissant pour me souffrir auprès de vous, pour m'estimer d'avantage. Je vous ai entendu, chaque jour, combler d'éloges mon portrait. J'étais moi-même témoin des transports que vous causait ma beauté; et cependant j'ai eu sur moi assez d'empire pour ne pas tourner contre votre vertu, les armes que vous me fournissiez vous-même. Je vous cachai ces traits, que vous aimiez sans le savoir. Je me défendis de la tentation d'exciter vos désirs en vous montrant mes charmes, et de m'emparer

parer de votre cœur par le moyen de vos sens: Une assiduité soutenue aux devoirs de la religion, mille petits soins que le cœur rend si doux, et qui vous prouvaient la pureté de mon ame et la sincérité de mon attachement, voilà les seules armes que j'employai pour obtenir vos regards et mériter votre tendresse. Je réussis, je devins votre compagnon, votre ami. Je vous laissai ignorer mon sexe; et si vous ne m'aviez pressée de vous révéler mon secret, si je n'avais été tourmentée de la crainte que le hazard ne le trahît malgré moi, vous ne m'auriez jamais connue que sous le nom de Rosario. Etes-vous toujours dans la résolution de m'éloigner de vous? Le peu d'heures qui me restent à vivre, ne pourrai-je les passer en jouissant de votre présence? Oh! répondez-moi, Ambrosio, dites-moi que je puis rester».

La fin de ce discours força le jacobin de se recueillir, et il sentit fort bien que, dans la disposition actuelle de son ame, il ne pouvait se soustraire au pouvoir de cette enchanteresse, qu'en cessant de la voir ou de l'entendre.

« L'étonnement où je suis, lui dit-il, me rend en ce moment incapable de vous répondre. N'insistez pas, Matilde, sur une décision de ma part ; laissez-moi à moi-même, j'ai besoin d'être seul ».

« Matilde, pensez à votre situation, et aux conséquences d'un plus long séjour ici. Notre séparation est indispensable, il faut nous quitter ».

« Mais pas aujourd'hui mon père : Oh ! de grace, que ce ne soit pas aujourd'hui ».

« C'est me presser trop vivement ; mais je ne puis résister au ton dont vous me priez. Je consens que vous demeuriez ici le tems nécessaire, en quelque façon, pour préparer nos frères à votre départ; restez encore deux jours; mais le troisième (il soupira malgré lui) souvenez-vous que le troisième jour doit vous voir partir pour jamais».

Elle saisit la main du père, et la pressa de ses lèvres.

« Le troisième jour! s'écria-t-elle d'un ton grave; vous avez raison, mon père, vous avez raison, le troisième jour sera celui d'un éternel adieu ».

Ces mots furent accompagnés de regard tellement douloureux et sinistres, que le cœur du moine en fut pénétré; elle lui baisa la main une seconde fois, et sortit de la chambre précipitament.

Resté seul, tantôt Ambrosio cherchait des raisons qui pussent l'autoriser à retenir cette dangereuse hôtesse; tantôt sa conscience lui reprochait une infraction aux lois de son ordre : mille passions opposées agitaient son ame. A la fin, son attachement pour le feint Rosario, joint aux suggestions d'un tempérament plein de feu, commença à l'emporter, et la victoire ne fut plus douteuse, dès que la présomption, le vice dominant du caractère d'Ambrosio, fut venue au secours de Matilde. Le moine fit réflexion qu'il y avait bien plus de mérite à vaincre son tempérament, qu'à éviter d'avoir à le combattre, et qu'au lieu de s'alarmer, il devait saisir avec joie une si belle occasion de prouver la force de son ame et de sa vertu. saint Antoine avait bien résisté à toutes les séductions du plaisir. Pourquoi lui-même craindrait-il d'être plus faible? D'ailleurs, saint Antoine avait à lutter contre le diable, et tout son art et tous ses efforts pour le tenter; tandis que lui, Ambrosio, n'avait à redouter qu'une simple mortelle timide, modeste, et qui ne tremblait pas moins que lui de succomber.

« Oui, se disait-il, l'infortunée peut rester, je n'ai rien à craindre de sa présence; et quand, par moi-même, je ne serais pas assez fort contre la tentation, je trouverais un appui dans l'innocence de Matilde ».

Ambrosio ne savait pas encore que, même pour les cœurs corrompus, le vice n'est jamais plus dangereux que quand il se cache sous le masque de la vertu.

Il se sentit si parfaitement remis, que, lorsque le père Pablos vint le voir dans la soirée, il lui demanda la permission de quitter la chambre le lendemain; ce qui lui fut accordé. Le reste du jour, Matilde ne parut pas devant lui, si ce n'est avec tous les autres moines, au moment où ils vinrent en corps, s'informer de la santé de leur prieur. Elle semblait craindre de lui parler en particulier, et ne resta dans la chambre que quelques minutes. Le père dormit fort bien, mais il retrouva tous ses songes de la nuit dernière, et des sensations de volupté encore plus vives et plus exquises; les mêmes visions, qui avaient enflammé son sang, se retracèrent devant lui; ses yeux revirent Matilde dans tout l'éclat de ses charmes, Matilde tendre et passionnée, le pressant contre son sein, et le couvrant des plus ardentes caresses. Ces vaines images disparurent encore, et le laissèrent, au réveil, plein de honte et d'effroi.

Le jour commençait à paraître. Fatigué, épuisé par ces rêves incendiaires, il ne se sentit pas en état de quitter son lit, et fit dire qu'il n'irait pas à matines : c'était la première fois de sa vie qu'il s'en était dispensé. Il se leva tard, et n'eut pendant une grande partie du jour, aucune occasion de parler à Matilde sans témoins ; sa cellule fut continuellement remplie de moines qui, tour-à-tour, venaient lui exprimer leurs inquiétudes sur sa santé, jusqu'au moment où la cloche les appela tous au réfectoire.

Après le dîner, les moines se séparèrent, et se répandirent dans les différentes allées du jardin, où l'ombre des arbres et le silence des bosquets, leur offraient un asyle commode, pour faire la sieste. Le prieur s'achemina du côte de l'hermitage, et d'un coup-d'œil invita Matilde à l'accompagner, Matilde obéit, et le suivit en silence. Ils entrèrent dans la grotte, et s'y assirent : tous deux semblait dans un égal embarras ; aucun des deux ne paraissait vouloir entamer la conversation. A la fin, le prieur rompit le silence ; il ne parla que de sujets indifférens, et Matilde répondit sur le même ton ;

on eût dit qu'elle voulait lui faire oublier qu'il eût devant lui quelqu'autre personne que Rosario. Aucun des deux n'osa et ne désira même en venir au sujet qui lui tenait le plus au cœur.

Matilde tâchait de paraître gaie, mais ses efforts étaient visibles. Le poids du chagrin l'accablait; sa voix était faible et languissante; elle semblait pressée de finir un entretien qui l'embarrassait; et, se plaignant de n'être pas bien, elle demanda du prieur la permission de se retirer. Il l'accompagna jusqu'à la porte de sa cellule; et là, il s'arrêta en lui déclarant, qu'il consentait à l'avoir pour compagne de sa solitude, tant qu'elle le trouverait agréable.

Matilde ne donna aucun signe de joie en recevant cette permission, quoique la veille elle eût paru si empressée de l'obtenir.

« Hélas ! mon Père, dit-elle, en remuant la tête d'un air triste, ce consentement arrive trop tard : mon sort est fixé, il faut que nous nous séparions pour jamais ; cependant, croyez que je sens vivement cette généreuse condescendance, cette pitié de votre part, pour une infortunée qui n'en est que trop peu digne ».

Elle mit son mouchoir devant ses yeux ; et comme son capuchon était à moitié entrouvert, Ambrosio remarqua qu'elle était pâle et abattue.

« Bon Dieu ! s'écria-t-il, vous n'êtes pas bien en effet, Matilde, et je vais sur le champ vous envoyer le père Pablos ».

« Non, n'en faites rien. Je suis malade, il est vrai ; mais il ne peut rien à mon mal. Adieu, mon père ! Demain, souvenez-vous de moi dans vos prières, tandis que je me souviendrai de vous dans le ciel ».

Elle entra aussi-tôt dans sa cellule, et en ferma la porte.

Le prieur se hâta de lui envoyer Pablos, dont il attendit le rapport avec impatience; mais Pablos revint bientôt, et lui dit que sa peine avait été perdue; que Rosario n'avait pas voulu le laisser entrer, et qu'il avait positivement refusé son secours. Ambrosio fut vivement affecté de ce récit, cependant il pensa, que pour cette nuit, il valait mieux ne pas presser Matilde davantage, et que si Rosario n'était pas mieux le lendemain matin, il insisterait pour que le père Pablos fut appelé.

Pour lui, ne se sentant pas disposé à dormir, il ouvrit sa fenêtre, et se mit à considérer la réflexion de la lune sur le petit ruisseau qui baignait les murs du monastère. La fraîcheur et le calme de la nuit, inspirèrent à Ambrosio des idées mélancoliques. Il songea aux charmes et à la tendresse de Matilde, aux plaisirs qu'il aurait pu partager avec elle, s'il n'était reteuu par les liens monastiques; il se dit que l'amour de Matilde pour lui, n'étant pas soutenu par l'espérance, ne pouvait pas durer long-temps; que, sans doute, elle réussirait à éteindre sa passion, qu'elle irait chercher le bonheur dans les bras de quelqu'autre plus fortuné; il frémit en pensant au vide que l'absence de Matilde laisserait dans son cœur. La vie du couvent lui parut monotone et fastidieuse; il soupira, et jetta un œil d'envie sur le monde dont il était pour jamais séparé. Telles étaient ses réflexions lorsqu'on frappa rudement à sa porte. Déjà la cloche de l'église s'était fait entendre. Empressé de savoir ce qui pouvait interrompre l'ordre et le silence du monastère, le prieur ouvrit la porte, et un frère entra, avec le trouble et l'effroi dans les yeux.

« Hâtez-vous, mon révérend père, s'écria-t-il, hâtez-vous pour le jeune Rosario; il demande instament à vous voir; il n'a que peu de momens à vivre ».

« Dieu de miséricorde! Où est le père Pablos? Pourquoi n'est-il pas avec lui? Oh! je crains, je crains....».

« Le père Pablos l'a vu; mais son art n'y peut rien. Il soupçonne, dit-il, que le jeune homme est empoisonné ».

« Empoisonné! Ah, l'infortuné! Voilà ce que je craignais aussi. Mais ne perdons pas un moment; peut-être est-il encore tems de le sauver».

Il dit, et courut à la cellule de Matilde. Il y trouva beaucoup de moines, et parmi eux le père Pablos, tenant à la main un breuvage qu'il voulait

voulait persuader à Rosario de prendre. Les autres s'occupaient à admirer sa figure céleste, qu'ils voyaient pour la première fois. Jamais, en effet, Matilde n'avait paru plus aimable; ces joues, n'aguères pâles, étaient couvertes d'un rouge éclatant; ses yeux brillaient d'une douce sérénité, et tout en elle exprimait la confiance et la résignation.

« Oh! Ne me tourmentez pas d'avantage, disait-elle à Pablos au moment où le prieur effrayé se précipita dans sa cellule; mon mal est bien au-dessus de toute votre science, et je ne veux pas en guérir ». Puis apperçevant Ambrosio: « Ah! c'est lui, dit-elle; que je le voie encore une fois avant de le quitter pour toujours! Laissez-moi, mes frères, j'ai à parler à ce saint homme en particulier ».

Les moines se retirèrent aussi-tôt et le père Pablos laissa au prieur la potion qu'il avoit préparée pour Matilde, avec laquelle il resta seul.

« Femme imprudente, qu'avez-vous fait ? S'écria celui-ci, quand il ne vit plus personne dans sa cellule. Dites-moi, ce que je soupçonne est-il fondé ? Suis-je au moment de vous perdre ? Votre main même aurait-elle été l'instrument de votre destruction » ?

Elle sourit, et prit la main d'Ambrosio.

« En quoi ai-je été imprudente, mon père ? J'ai sacrifié une paille pour sauver un diamant. Ma mort conserve une vie précieuse au monde, et qui m'est bien plus chère que la mienne. — Oui, mon père, je suis empoisonnée, je le sais, mais d'un poison qui a circulé dans vos veines ».

« Matilde » !

« Cet aveu, j'avais résolu de ne le faire que sur mon lit de mort. Ce moment est arrivé. Vous ne pouvez déjà avoir oublié le jour où votre vie fut mise en péril par la morsure d'un mille-pieds. Le médecin désespérait de vous, déclarant qu'il ignorait les moyens d'exprimer le poison de votre blessure ; j'en savais un, moi, et je n'ai pas hésité d'en faire usage. On m'avait laissée seule auprès de vous ; vous dormiez : je détachai l'appareil qui enveloppait votre main, je baisai la blessure, et avec mes lèvres j'en suçai le venin. L'effet en a été plus prompt que je ne m'y étais attendue. Je sens que la mort est dans mon sein ; encore une heure, et j'aurai passé dans un monde plus heureux ».

« Dieu tout-puissant »! s'écria le prieur ; et il tomba sur le lit sans force et sans mouvement.

Quelques minutes après, il se retire brusquement, et regarde Matilde, d'un œil égaré, avec l'air du désespoir.

« Et vous vous êtes sacrifiée pour moi! Vous mourez et c'est pour conserver Ambrosio! Pourquoi refuser les remèdes qui vous sont offertes? Oh! je vous en conjure, prolongez des jours qui me sont chers : rendue à la vie, il en est tems encore, que je puisse vous exprimer toute ma reconnaissance ».

« Rassurez-vous, mon unique ami! Oui, je peux encore veiller à ma conservation; mais ce serait un sacrifice plus cher qu'elle ne le vaut. A moins qu'il ne me fût permis de vivre pour vous».

« Eh bien! vivez pour moi, Matilde et pour la reconnaissanee». (Il saisit sa main et la pressa sur ses lèvres avec transport.)» Rappellez-vous notre dernier entretien; à présent, je consens à tout. Rappelez-vous de quelles vives couleurs vous avez peint l'union des ames ; réalisons cette douce image, oublions toute différence de sexe ; méprisons les préjugés du monde ; ne voyons tous deux, dans chacun de nous, qu'un frère, qu'un ami. Vivez donc, Matilde, et vivez pour moi ».

« Ambrosio, les choses ne peuvent être ainsi. Quand je le croyais, je vous trompais, je me trompais moi-même ; il faut que je meure, ou du poison que j'ai pris, ou de l'affreux tourment de combattre toujours mon désir. Depuis le consentement que vous m'avez accordé, le bandeau s'est détaché de mes yeux. Je vous aime, non plus avec la dévotion que l'on doit à un saint, non plus pour les seules vertus de votre ame, mais pour les charmes de votre personne. Je ne suis plus qu'une faible femme, livrée à la plus impétueuse des passions. Vous me promettez votre amitié! O ciel! Que ce mot est froid pour mon cœur, pour ce cœur qui brûle d'amour, d'un amour qu'aucune expression ne saurait peindre, et que l'amour seul peut payer! Tremblez donc, Ambrosio, tremblez d'être exaucé dans vos prières. Si je vis, c'en est fait de vos devoirs, de votre réputation, de vos trente années de vertus et de sacrifices; tout ce qui vous est cher et précieux sera perdu pour jamais. Je ne me sentirai plus la force de résister à mon cœur; je saisirai toutes les occasions d'enflammer le vôtre; je finirai par consommer notre déshonneur à tous deux. Non, non, Ambrosio, je ne dois pas vivre; je sens à chaque battement de mon cœur qu'il n'y a plus pour moi qu'une alternative.... Le bonheur, ou la mort »!

« Qu'entends-je, Matilde? Est-ce bien vous qui me parlez »?

Il fit un mouvement comme pour s'éloigner d'auprès d'elle. Elle poussa un cri perçant ; et se levant à moitié hors de son lit, elle jetta ses bras autour du jacobin et le retint.

« Oh ! ne me quittez pas ! Ecoutez-moi avec compassion. Dans peu d'heures je ne serai plus ; dans peu d'heures je n'aurai plus à rougir de ce malheureux amour ».

« Dangéreuse femme ! que puis-je vous dire ? je ne peux, — je ne dois pas, — mais vivez, — Matilde, ah ! vivez ».

« Songez-vous bien à ce que vous demandez ? Que je vive, moi, pour vous plonger dans l'infamie, pour devenir auprès de vous un instrument de perdition ; pour opérer votre ruine et la mienne ? Touchez ce cœur, mon père ».

Elle prit la main d'Ambrosio. Confus, embarrassé, entraîné, par un charme puissant, il ne fit aucune résistance, et il sentit le cœur de Matilde battre vivement sous sa main.

« Touchez ce cœur, mon père; il est encore le siege de l'honneur et de l'innocence; demain, s'il est animé, il deviendra la proie du crime! Laissez-moi donc mourir aujourd'hui, laissez-moi mourir, quand je mérite encore les larmes de l'homme vertueux. Oh! que ne puis-je expirer ainsi (En disant ces mots, elle appuyait sa tête sur l'épaule d'Ambrosio, et ses beaux cheveux couvraient la poitrine du père)! soutenue dans vos bras, je croirais m'endormir; votre main fermerait mes yeux, et vos lèvres recevraient mon dernier soupir. Et ne penserez-vous pas à moi quelquefois? N'irez-vous pas quelquefois verser une larme sur ma tombe? Oh! oui, oui! ce baiser en est le gage et l'assurance ».

« Il était nuit; le silence régnait autour d'eux. La faible clarté d'une lampe solitaire donnait sur le visage de Matilde, et répandait dans la chambre une lumière sombre et mystérieuse. Point d'œil curieux à craindre, point d'oreille indiscrète, rien ne se faisait entendre, que la douce voix de Matilde. Ambrosio était dans toute la vigueur de l'âge. Il voyait devant lui une femme jeune et belle, qui lui avait sauvé la vie, qui l'adorait, que son amour pour lui venait de conduire aux portes du tombeau. Il s'assit sur le lit, la main toujours posée sur le cœur de Matilde, et soutenant la tête de son amante, voluptueusement appuyée sur son sein. Qui donc s'étonnerait qu'il eût cédé à la tentation? Enivré de désirs, il pressa de ses lèvres les lèvres charmantes qu'il cherchait; ses baisers devinrent bientôt aussi brûlans que ceux de

Matilde; il la serra dans ses bras avec transport, il oublia ses vœux, la religion et l'honneur; il ne se souvint que du plaisir et du moment.

« Ambrosio ! Ah ! mon cher Ambrosio » ! dit Matilde, en soupirant.

« A toi, pour jamais à toi »! balbutia le Père, en expirant sur le sein de Matilde.

CHAPITRE III.

Le marquis et Lorenzo, avançaient vers l'hôtel de las Cisternas sans se dire un seul mot. Le premier était occupé à se rappeler toutes les circonstances dont le récit pouvait présenter à Lorenzo, sous le jour le plus favorable, ses liaisons avec Agnès: l'autre, alarmé pour l'honneur de sa famille, n'était pas peu embarrassé de la manière dont il devait se conduire avec le marquis.

L'aventure dont il venait d'être témoin, ne lui permettait pas de le traiter comme ami; mais son tendre intérêt pour Antonia ne l'empêchait pas moins de le traiter comme ennemi; et après bien des réflexions, il conclut que le parti le plus sage était de garder le silence, en attendant que don Raymond lui donnât l'explication qu'il désirait.

Ils arrivèrent à l'hôtel; le marquis le conduisit aussi-tôt à son appartement, et commença à lui exprimer toute sa joie de le trouver à Madrid. Lorenzo se hâta de l'interrompre.

« Excusez-moi, monsieur, lui dit-il d'un ton froid, si je ne réponds pas à tout ce que vous me dites d'obligeant. L'honneur de ma sœur est compromis; tant que vous ne m'aurez point éclairci cette affaire, et le but de votre correspondance avec Agnès, je ne puis vous regarder comme un ami; il me tarde de vous voir entrer dans les détails que vous m'avez promis ».

« Donnez-moi d'abord votre parole que vous m'écouterez patiemment et avec indulgence ».

« J'aime trop ma sœur pour la juger avec précipitation, et jusqu'à ce jour, je n'ai pas eu d'ami qui me fût plus cher que vous. Je vous avouerai même que vous avez le pouvoir de m'obliger, dans un point où mon cœur est intéressé; ainsi je ne puis que désirer vivement de vous trouver toujours digne de mon estime ».

« Lorenzo, vous me comblez de joie; rien ne saurait m'être jamais plus agréable, que l'occasion de servir le frère d'Agnès ».

« Prouvez-moi que je puisse accepter vos services, sans déshonneur, peur, et il n'y a pas d'homme, à qui j'aimasse mieux devoir de la reconnaissance ».

« Probablement, vous avez déjà entendu votre sœur parler d'Alphonso d'Alvarada ».

« Jamais ma sœur ne m'en a parlé. Quoique j'aie pour Agnès toute la tendresse d'un frère, les circonstances nous ont tenus jusqu'ici presque toujours séparés l'un de l'autre. Dans son enfance, elle fut confiée aux soins de sa tante, qui avait épousé un gentilhomme Allemand. Il n'y a que deux ans qu'elle a quitté le château de ce seigneur, et qu'elle est revenue en Espagne, bien déterminée à renoncer au monde pour jamais ».

« Bon Dieu ! Lorenzo, vous connaissiez son intention, et vous n'avez pas fait tous vos efforts pour l'en détourner » ?

« Marquis, ce reproche est injuste. La résolution de ma sœur, dont je reçus la nouvelle à Naples, m'affligea extrêmement, et je hâtai mon retour à Madrid, uniquement pour prévenir ce triste sacrifice. A peine arrivé, je courus au couvent de Sainte-Claire, où Agnès avait désiré d'achever son noviciat. Je demandai à voir ma sœur. Figurez-vous ma surprise, en recevant de sa part un refus positif : elle me fit dire, qu'appréhendant mon influence sur son esprit, elle ne voulait point se risquer à m'entendre, avant la veille même du jour où elle devait prendre le voile; je suppliai les religieuses, j'insistai sur la permission de parler à ma sœur, je n'hésitai pas même à leur laisser voir mes soupçons sur ce refus de paraître, auquel on l'avait peut-être forcée. Pour se justifier de cette imputation, l'abbesse m'envoya quelques lignes, où je ne pus méconnaître l'écriture d'Agnès, et qui confirmaient le premier message. Les jours suivans, je ne réussis pas mieux dans mes efforts pour me procurer avec elle un moment d'entretien. Elle refusa constamment mes visites, et ne me permit enfin de la voir que la veille du jour, où elle devait pour jamais s'ensevelir dans le cloître. Cette entrevue eut pour témoins nos plus proches parens : c'était la première fois que je la voyais depuis son enfance, et nous fûmes vivement émus l'un et l'autre; elle se jeta dans mes bras, et, fondant en larmes, me prodigua les plus tendres caresses. Raisons, instances, prières, je n'oubliai rien pour lui faire abandonner son projet; je pleurai, je me jetai à ses genoux; je lui représentai toutes les peines inséparables du cloître; je peignis à son imagination tous les plaisirs auxquels elle allait dire un éternel adieu; je la conjurai de m'ouvrir son cœur, de me confier ce qui avait pu lui inspirer de l'horreur pour le monde. A cette demande, elle pâlit, détourna son visage, et ses pleurs coulèrent avec plus d'abondance. Elle me pria de ne pas insister sur ce point, et cela ne me fit que trop voir que sa détermination était prise, et qu'un couvent était le seul asyle où elle pût espérer du repos. Elle resta inébranlable, et prononça ses vœux. Depuis j'ai été la voir souvent au parloir, et chaque fois je sortais d'auprès d'elle avec de nouveaux regrets de l'avoir perdue. Peu de tems après, il me fallut quitter Madrid; je n'y suis de retour que d'hier soir, et je n'ai pas encore eu le tems d'aller au couvent de Sainte-Claire ».

« Ainsi, vous n'aviez jamais, jusqu'à présent, entendu prononcer le nom d'Alphonso d'Alvarada »?

« Je vous demande pardon : ma tante m'écrivit qu'un avanturier de ce nom avait trouvé moyen de s'introduire au château de Lindenberg, de s'insinuer dans les bonnes graces de ma sœur, et même de la faire consentir à fuir avec lui ; mais qu'avant l'exécution de ce projet, l'avanturier avait été instruit que des terres, situées dans la nouvelle Espagne, au lieu d'appartenir à Agnès, comme il le croyait, étaient réellement à moi ; que d'après cette information, changeant de dessein, il avait disparu le même jour où il devait fuir avec Agnès ; et que celle-ci, désespérée de tant de perfidie et de bassesse, avait résolu de se retirer dans un couvent : elle ajoutait que, cet avanturier s'étant donné pour être un de mes amis, elle désirait savoir s'il était connu de moi. Je lui répondis que je n'avais aucun ami de ce nom ; j'étais loin de penser qu'Alphonso d'Alvarada et le marquis de las Cisternas fussent la même personne; ce qu'on me disait du premier, ne pouvait, en aucune manière, me faire deviner le second ».

« Je reconnais bien là toute la perfidie du caractère de dona Rodolphe. Chaque mot de cette lettre dont vous me parlez, porte l'empreinte de sa méchanceté, de sa mauvaise foi et de son adresse à présenter, sous des couleurs odieuses, ceux à qui elle veut nuire; pardon, Medina, si je parle avec cette liberté de votre parente. Tout le mal qu'elle m'a fait justifie mon ressentiment contre elle, et quand vous m'aurez entendu, vous resterez convaincu qu'il n'y a dans mes expressions rien de trop sévère ».

Il commença son récit en ces termes :

HISTOIRE de dom Raymond, marquis de las Cisternas.

UNE longue expérience, mon cher Lorenzo, m'a prouvé combien votre caractère est généreux; vous venez de me déclarer vous-même que vous aviez ignoré tout ce qui regarde votre sœur; je n'avais pas besoin de cette assurance pour supposer qu'on vous en avait, à dessein, fait un mystère. Si vous aviez été mieux instruit, que de chagrins auraient pû être épargnés à votre sœur et à moi! Le destin en a autrement ordonné. Vous étiez dans le cours de vos voyages quand, pour la première fois, je fis connaissance avec Agnès; et, comme nos ennemis avaient pris soin de lui cacher le nom des lieux où elle eût pu vous écrire, il lui fut impossible d'implorer, par lettres, votre protection et vos conseils.

En quittant l'université de Salamanque, où, comme je l'ai su depuis, vous restâtes une année après moi, je me disposai à commencer mes voyages. Mon père pourvut à ma dépense avec beaucoup de générosité; mais il m'enjoignit expressément de cacher mon rang, et de ne me présenter que comme un simple gentilhomme. Cet ordre, il me le donnait par déférence aux conseils de son ami le duc de Villa Hermosa, personnage dont j'avais toujours révéré le mérite et la connaissance parfaite qu'il avait du monde.

« Croyez-moi, mon cher Raymond, disait-il, vous recueillerez par la suite les fruits de cette dégradation passagère. Il est certain qu'en votre qualité de comte de las Cisternas, on vous recevrait partout les bras ouverts, et la vanité de votre âge serait flattée des égards qui vous seraient prodigués en tous lieux. En cachant votre nom, vous ne pourrez plus compter que sur vous-même. Vous avez d'excellentes recommandations, ce sera maintenant votre affaire d'en tirer parti. Il vous faudra prendre la peine de plaire, de gagner l'estime de ceux à qui vous serez présenté. Ceux qui auraient brigué l'amitié du comte de las Cisternas, n'auront aucun intérêt à déprécier les bonnes qualités, ou à supporter les défauts d'Alphonso d'Alvarada; ainsi, lorsque vous parviendrez à vous faire aimer, vous serez sûr de le devoir à votre mérite et non à votre rang; et l'intéret qu'on vous montrera vous paraîtra bien plus flatteur. D'ailleurs, votre haute naissance ne vous permettrait pas de vous mêler aux dernieres classes de la société ; vous le pourrez sous un autre nom, et vous en tirerez de grands avantages. Ne vous bornez pas à ne voir que les hommes les plus distingués dans tous les lieux où vous passerez : examinez les usages et les mœurs du peuple, entrez dans les chaumières ; et, en observant comment les vassaux des autres sont traités, apprenez à diminuer les charges et à augmenter le bien-être des vôtres. Rien, à mon avis, ne peut mieux former un jeune homme destiné à être un jour riche et puissant, que les fréquentes occasions d'être témoin par lui-même des souffrances du peuple ».

Pardonnez-moi, Lorenzo, d'être si minutieux dans mon récit ; mais les raports qui maintenant existent entre nous, exigent que j'entre dans tous ces détails ; et je craindrais si fort d'omettre la plus petite circonstance, qui pût vous faire penser favorablement de votre sœur et de moi, que j'aime mieux risquer de vous paraître quelque fois un peu prolixe.

Je suivis le conseil du duc, et j'en reconnus bientôt la sagesse. Je quittai l'Espagne, prenant le nom d'Alphonso d'Alvarada, et accompagné d'un seul domestique, d'une fidélité éprouvée. Paris fut mon premier séjour. Pendant quelque tems, je fus enchanté de cette ville, où tout est bien propre à séduire un jeune homme riche et passionné pour le plaisir; mais bientôt l'ennui me gagna au milieu de tant de dissipations; je sentis que quelque chose manquait à mon cœur; je m'apperçus que le peuple au milieu duquel je vivais, ce peuple si poli, si prévenant, était au fond frivole, peu sensible, et sur-tout peu sincère. Je n'eus plus que du dégoût pour les habitans de Paris, et je quittai le centre des plaisirs sans y donner un seul regret.

FIN DU TOME PREMIER.

www.ingramcontent.com/pod-product-compliance
Ingram Content Group UK Ltd.
Pitfield, Milton Keynes, MK11 3LW, UK
UKHW012032240726
13965UKWH00002B/746

9 782013 067577